ORIKI ORIXÁ

Signos 19

Coleção Signos	Dirigida por Augusto de Campos
Supervisão editorial	J. Guinsburg
Capa e projeto gráfico	Adriana Garcia
Ilustrações	Carybé
Produção	Ricardo W. Neves
	Sergio Kon

ANTONIO RISÉRIO

ORIKI ORIXÁ

Ilustrações de Carybé

PERSPECTIVA

Dados Internacionais de Catalogação na Publicação (CIP)
(Câmara Brasileira do Livro, SP, Brasil)

Risério, Antonio, 1953-

Oriki Orixá / Antonio Risério ; supervisão editorial J. Guinsburg e Haroldo de Campos ; ilustrações Carybé. – São Paulo: Perspectiva, 2012.
— (Signos ; 19)

1ª reimpr. da 1 ed. de 1996
ISBN 978-85-273-0080-3

1. Cultura - África 2. Poesia iorubá I. Guinsburg, Jacó, 1921- II. Carybé, 1911- III. Título. IV. Série.

96-1781   CDD- 869.3331

Índices para catálogo sistemático:
1. Poesia : Literatura iorubá 869.3331

1ª edição – 1ª reimpressão
[PPD]

Direitos reservados à
EDITORA PERSPECTIVA LTDA.

Av. Brigadeiro Luís Antônio, 3025
01401-000 São Paulo SP
Telefax: (0-11) 3885-8388

www.editoraperspectiva.com.br

2019

SUMÁRIO

9   ABRE-CAMINHO

15   NOTA DO AUTOR

21   TOQUES PARA UMA POÉTICA NAGÔ

55   O TRANSE HUMANO DOS DEUSES

79   TRANSCRIANDO ORIKIS

109   FLORES DA FALA

163   ORIKI AGORA

185   ALGUMA BIBLIOGRAFIA

ABRE-CAMINHO

á mais de vinte anos acompanho a trajetória de Antonio Risério, que conheci pessoalmente na Bahia em 1973. Poeta e crítico, um dos grandes animadores da lendária revista *CÓDIGO*, de Erthos Albino de Souza, me habituei a vê-lo, desde logo, como um companheiro mais jovem, um combatente aguerrido das refregas de vanguarda, e a não me espantar com as surpresas do seu talento incomum. Suas primeiras incursões críticas, Kilkerry, Pagu, Leminski, já traziam a marca de uma inteligência vibrante e agressiva. O poeta emergiu entre os melhores dentre os jovens que se manifestaram nas revistas de vanguarda dos anos 70, *Poesia em Greve, Artéria, Qorpo Estranho, Muda.*

De uns tempos para cá, devolvido pela metrópole do sul ao recesso do recôncavo, Risério vem desenvolvendo uma reflexão profunda em torno da cultura afro-baiana (v. *Carnaval Ijexá, Gilberto Gil Expresso 2222, Caymmi: Uma Utopia de Lugar*). O coroamento dessa reflexão foi o livro *Textos e Tribos*, suma e soma de um pensamento singular a partir de uma reivindicação fundamental, a da incorporação da poesia oral das culturas indígenas e afro-brasileiras ao "corpus" das nossas poéticas literárias. As propostas instigantes e provocativas de Risério, especialmente no domínio da tradução desses textos, encontram agora no presente livro não apenas sua continuidade mas a exposição de sua prática exemplar, no que concerne à poesia de fonte iorubá, um dos pilares da construção riseriana. Eis que ele nos oferece algumas dezenas de orikis magnificamente traduzidos, segundo os preceitos da tradução criativa, transcriação ou tradução-arte. Não conhecendo a língua nem sendo um especialista da cultura iorubá, não possuindo nem registros vocais nem transcrição fônica dos originais, faltam-me, por certo, relevantes instrumentos para aferir o valor do trabalho, em todas as suas instâncias. Guio-me, neste caso, em primeiro lugar pelos resultados, que apontam para a construção de apreciáveis poemas em português. Em um estudo de *Textos e Tribos*, o próprio Risério alinha as dificuldades da tradução da poesia oral, ainda mais no caso do iorubá, que, como o chinês, é uma língua tonal. Mas o desconhecimento do chinês não nos impede de apreciar as admiráveis traduções que Ezra Pound fez de Li T'ai Po, a partir das versões japonesas de Fenollosa. E assim como Eliot disse de Pound ser ele o inventor da poesia chinesa para o nosso tempo, podemos afirmar, guardadas as proporções, que Risério está inventando a poesia iorubá para nós.

O iorubá, "língua tonal, saturada de metáforas", segundo S. A. Babalola, um de seus estudiosos, é também, na sua poesia, uma linguagem saturada de aliterações, paronomásias e onomatopéias. Desde cedo formado na antitradição do experimental, Risério evidentemente não incide no mais comum dos erros das traduções da espécie, que é o de converter a textura lingüística original aos padrões convencionais da linguagem codificada. A estrutura dominantemente paratática, com ênfase nos extratos substantivos, os jogos verbais e as onomatopéias de incidência incomum, tudo indica que Risério buscou preservar ao máximo a força poética original.

> Ê é epa, Oiá ò.
> Grande mãe.
> Iá ò.
> Beleza preta
> No ventre do vento.

Para tanto, como seu predecessor no resgate de poéticas ditas "primitivas", Jerome Rothenberg, o criador da "etnopoesia", Risério não hesita em fazer uso dos recursos da poesia de vanguarda, que, pela sua natureza contestadora em relação ao suposto "gênio da língua", lhe

ABRE-CAMINHO

proporciona o território sem amarras para deslanchar as suas recriações. O que Risério nos oferece, afinal, é uma belíssima coletânea de poemas, onde os achados se acumulam numa sucessão irresistível. E esse é o teste dos testes da tradução de poesia. Tradução que não parece tradução. Poesia que é poesia.

Augusto de Campos

NOTA DO AUTOR

Para mim, este livro se forma de três dimensões distintas. A primeira - reunindo as seções "Toques Para Uma Poética Nagô", "O Transe Humano Dos Deuses" e "Transcriando Orikis" - não traz exatamente nenhuma novidade. Compõe-se de textos que são, no máximo, escritos de *haute vulgarisation*, dirigidos ao público de língua portuguesa. Mas não defendem qualquer tese inédita, subversiva ou revolucionária, no espaço da literatura internacional existente sobre as culturas e poéticas africanas em geral, ou iorubanas em particular. Não quero, com isso, dizer que não apresentem (na minha opinião, é claro) algumas observações interessantes - mas apenas colocá-los em seu devido lugar.

Uma segunda dimensão é dada pela antologia de orikis, sob o título "Flores da Fala". Aqui, a conversa é outra. Trata-se da primeira tentativa feita, entre nós, de recriação poética de orikis, a partir dos textos iorubanos originais. Orikis foram vertidos antes para o português, mas por outros caminhos. Que eu saiba, o crítico de música Silvio Lamenha foi o primeiro a traduzi-los, em inícios da década de 60. Mas, de uma parte, não acredito que estivesse em busca de recriações estéticas (Lamenha, afinal, era só um leitor de poesia - embora não fosse um jornalista palpiteiro incapaz de diferençar Donne de Mallarmé, por exemplo); e, de outra, traduziu traduções. Não partiu do texto iorubá. Mais recentemente, Pierre Verger e Síkírù Sàlámì traduziram orikis ou fragmentos de orikis para a nossa língua. Ao contrário de Lamenha, verteram diretamente do iorubá. Mas sem qualquer propósito de empreender uma recriação textual nucleada numa compreensão da natureza da linguagem poética. Suas traduções são prosaicas, explicativas, flácidas. Valiosas, sem dúvida, para o estudioso da cultura nagô-iorubá. Mas, ao desprezar o texto em função do contexto, sem maior interesse para a vida da poesia. Diversamente, a antologia que aqui apresento tenta atar as pontas do jogo: uma recriação brasileira da poesia iorubá, com base nos textos originais.

O escrito "Oriki Agora", por sua vez, pertence à categoria dos textos que procuram desbravar temas. É um texto pioneiro, proposta para futuros mapeamentos e interpretações, que assinala a presença do oriki nagô-iorubá – através da prática autoconsciente ou graças ao imprevisível movimento de signos no campo semiótico de nossa intervocalidade – na produção textual de língua espanhola e portuguesa nas Américas. Do romance à poesia da música popular, o oriki está vivo em nosso ambiente simbólico – veiculado cotidianamente pelos mecanismos de transmissão sígnica do candomblé, ou sobrevivendo como uma espécie de *poética subterrânea*. É por isso que podemos encontrar, em nosso caminho, textos que não hesito em colocar sob a rubrica *neo-oriki*.

Mudando de assunto, este *Oriki Orixá* é um desdobramento lógico e natural de meu livro anterior, *Textos e Tribos*. A relação entre ambos me faz lembrar, aliás, uma observação de Henri Meschonic: "les livres d'un écrivain sont des vases communicants, ouverts et fermés l'un sur l'autre". No caso, o nexo *Textos e Tribos* – *Oriki Orixá* é ostensivo. O último nasce diretamente, como uma espécie de versão ampliada e em alguns pontos retificada, de um dos textos incluídos no primeiro – o ensaio *De Orikis*.

Se é que a informação tem algum interesse, aviso que, desde o primeiro momento em que resolvi escrever sobre o oriki nagô-iorubá, duas passagens – uma de Bertolt Brecht, outra de Hugh Kenner – não saíram mais de minha cabeça. Quando perguntavam ao sr. Keuner, personagem de Brecht, sobre o que ele andava fazendo, a resposta vinha pronta da ponta da língua: "estou preparando meu próximo equívoco". Que seja, se assim for. Mas seja, ao menos, *engaño colorido*, como no verso barroco de Juana Inés de la Cruz, a esplêndida *trobairitz* da cultura seiscentista no México. Quanto a Kenner, trata-se de uma indagação ao mesmo tempo singela e profunda: "Is the life of mind a history of interesting mistakes?". É possível que sim; que a vida da mente não passe de uma história de equívocos interessantes. De qualquer modo, e sem receber resposta, a

NOTA DO AUTOR

interrogação kenneriana me acompanhou obsessivamente ao longo da redação deste livro.

Mas é claro que não é só isso. *Oriki Orixá* é fruto de um tripé de interesses e preocupações. Numa ponta, a atenção histórica, antropológica e estética para a cultura iorubá em si mesma. Numa outra, minha participação no processo político-cultural de desrecalque e afirmação das vertentes dominadas que foram fundamentais para a formação biocultural brasileira. E, numa terceira direção, a preocupação propriamente poética com a "crise" da poesia contemporânea, num momento de multiplicação de técnicas, códigos e linguagens. Nesse último caso, vejo o oriki em termos inspiradores – ou seja, como uma poética capaz de alimentar de algum modo a produção contemporânea, e não como relíquia salva de um naufrágio. Assim, se há uma instância em que procuro penetrar num mundo tradicional, há também uma outra que bem poderia exibir, como divisa, a explosão do três vezes apátrida Gustav Mahler: "Tradition ist Schlamperei". Tradição é desordem.

Ciente, sem falsa modéstia, de meus limites e de minha ignorância, informo ainda que está entre as minhas expectativas a eventualidade de que alguém, com conhecimentos mais sólidos que os meus, venha a corrigir erros que eu tenha cometido nas páginas seguintes. Falo de *erros* – e não, simplesmente, de equívocos. Além disso, este livro é certamente lacunar. Semipleno. E nem poderia ser diferente, a menos que eu trapaceasse no jogo, conferindo-lhe uma máscara de plenitude. Num dos *Cantares* de Ezra Pound – este imperador de *interesting mistakes* –, Confúcio (Kung) recorda:

> And even I can remember
> A day when the historians left blanks in their writings,
> I mean for things they didn't know,
> But that time seems to be passing.

Recolho e aceito a advertência confuciana. Embora não seja trabalho de historiador, este é um livro com *blanks*, inteirado de seus vazios.

Por fim, quero agradecer a todos aqueles que, de uma forma ou de outra, me fizeram compor este livro. Em especial, a Arnaldo Antunes,

Augusto de Campos, Jorge Amado, Luís Turiba, Haroldo de Campos, Olabiyi Babalola Yai, Stella de Oxóssi e Waly Salomão.

Cidade da Bahia - maio 1995

Antonio Risério

PS. Quanto aos acentos iorubanos que o leitor vai encontrar nas próximas páginas, eis:
(ˋ) - tom baixo
(ˊ) - tom alto
ẹ, ọ - vogal aberta
ṣ - ch

TOQUES PARA UMA POÉTICA NAGÔ

> *Vulgare Graeciae dictum,*
> *Semper Africam aliquid novi afferre.*
> Plínio o Velho (A.D. 23-79).

Iessiênin dizia que nem todos sabem cantar. Mas falando em termos individuais, é claro. Nem todos os russos, achantes, brasileiros, ingleses, tupinambás, astecas, etc. sabem ou souberam cantar. Mas ninguém pode dizer que a Rússia não sabe cantar - e disso o poeta sabia muito bem. O cantar, tomando aqui o vocábulo em sua acepção mais dilatada, não é privilégio de nenhum povo, época, raça, cultura ou sociedade. Neste sentido, todos sabem cantar.

Iessiênin certamente ficaria fascinado com os suiás do Brasil. Seeger lembra que os estudos antropológicos costumam distinguir grupos recorrendo a tópicos de subsistência e tecnologia. Contrariando a tribo dos antropólogos, os suiás escolheram, para efeitos de comparação intergrupal, os ornamentos e o canto. Os discos coloridos usados nas orelhas e nos lábios apontam para a relevância que esses índios dão ao ouvir e ao falar, como faculdades sociais por excelência. O ouvido recebe e retém os códigos tribais. E, para além do silêncio, também socialmente importante, há duas espécies de fala: o *sermo quotidianus* e a oratória, *plaza speech*, que é o discurso masculino na praça da aldeia, com seu ritmo especial, seu estilo recitativo, seu conjunto de fórmulas. Um dos modos desta forma superior de oralização é privativo de chefes e sacerdotes, realizando-se ao amanhecer e ao anoitecer, quando os homens se reúnem. Mas o ponto culminante da oralidade suiá, individual e coletivamente, está no canto. Na palavra-canto. E que se frise o fato de que a música suiá não envolve instrumentos musicais. É exclusivamente vocal. A palavra desenha plena o seu espaço sonoro. Palavra pairando solitária na antemanhã, ou estridulando na cacofonia das canções que atravessam a noite. Mas há mais. Se Seeger está certo, os suiás não têm deuses nem mito de criação - e ignoram seus ancestrais (fabricam uma fascinante espécie de *história espacial*, onde as peripécias tribais são marcadas pelos lugares em que ocorreram e não pelos heróis que delas participaram). Não tenho notícia de nada igual em qualquer outra parte do mundo. E assim somos conduzidos à estranha e inesperada conclusão de que pode haver um povo sem deuses, mas não um povo sem poesia.

A riqueza da criação textual na África é um fato indisputável. A menos que uma intenção ideológica explícita tente rasurar programaticamente a existência milenar do texto criativo naquele continente, como na época em que fantasias racistas de calibre variado se esforçaram para expurgar o negro da esfera da espécie humana. Aliás, aqueles que um dia pretenderam expulsar o negro do círculo da humanidade, ou quando nada confiná-lo a um compartimento subterrâneo desta, tipo *dernier échelon* da espécie, tiveram diante de si, como obstáculo intransponível, a força e a finura das produções estéticas africanas. O caso de Gobineau - que esteve no Brasil entre 1869-70, encantando-se com o traje "totalmente clássico" das negras baianas e definindo o país como um "deserto povoado de malandros" - é exemplar. Ainda em âmbito científico, o texto criativo africano pôde ser encarado em termos apenas embrionários, sementes ou promessas incipientes, balbucios do que um dia viria a ser a poesia em sua plenitude - como se pensou na órbita dos evolucionismos setecentista e oitocentista. É possível, além de tudo, que uma ou outra cegueira ideológica qualquer venha a ofuscar o observador, impelindo-o a ver *tabula rasa* onde reluz a *tabula piena*, ou impedindo-o de fazer distinções até mesmo entre um leopardo e um baobá. Excluídas tais situações - historicamente corriqueiras, por sinal -, as artes africanas da palavra estão aí, sempre estiveram aí, para quem tem olhos de ver e ouvidos de ouvir. A África não é de modo algum uma exceção planetária. Pelo contrário, é um continente funda e profundamente poético. Poético-musical, intersemiótico, multimídia.

Podemos até mesmo nos referir à antiga criação letrada no continente, composta sobretudo sob influência árabe, graças à expansão do islamismo, que levava em seu bojo a tecnologia da escrita. É uma produção considerável, sem dúvida. Vastas áreas do "continente negro" conheceram séculos de erudição corânica. De especialistas em escrita árabe, que produziram, entre outras coisas, tratados religiosos, crônicas históricas, poemas. Mesmo algumas línguas africanas experimentaram a forma escrita, utilizando caracteres arábicos. Forjou-se assim uma tradição letrada entre, por exemplo, suaílis e haussás. Adoção de modelos árabes, paráfrases, traduções e mesmo tradições locais vieram à luz, nessas regiões, sob forma escrita. Além da onda árabe, outros veios letrados pintaram, como entre os bérberes e os tuaregues. "Nos últimos duzentos anos, os africanos também começaram a escrever em suas próprias línguas, usando primeiramente o alfabeto árabe (...) e mais tarde o latino. Mas também existem materiais históricos (e outros) em escrita genuinamente africana", lembra I. Hrbek.

Em meio aos tuaregues, a forma gráfica provocou não só o surgimento de um pequeno estrato letrado, mas também o intercâmbio entre as tradições oral e escrita. Sinalize-se, de passagem, um paralelo entre o uso estético da escrita na sociedade tuaregue e na sociedade japonesa. A maioria dos textos tuaregues foi escrita por mulheres, que se dedicavam à poesia panegírica e amorosa, ao tempo em que os homens viajavam. De modo algo parecido, a literatura japonesa é, sobretudo, criação feminina. Durante muitos e muitos anos, os homens japoneses escreveram em chinês. A escrita nipônica era coisa de mulheres: Quando os homens se voltaram para o seu próprio idioma, encontraram já modelos poéticos e literários estabelecidos, desenhados pelas mulheres. É por isso que, na origem da literatura japonesa, não encontramos um xogum ou um samurai, mas a elegante Murasaki Shikibu, autora do esplêndido *Genji Monogatari*. Mas esqueçamos, ao menos momentaneamente, os calígrafos bérberes, suaílis, haussás, tuaregues e etíopes. Os reflexos gráficos da expansão islâmica. Ou o duradouro influxo do cristianismo na Etiópia. A poesia de que vou me ocupar centralmente aqui – coração e veias da textualidade criativa iorubá – desconheceu por completo a caligrafia.

ORIKI ORIXÁ

Pertence ao universo das criações orais da espécie, que madrugou nos tempos paleolíticos da primeira humanidade e desde então não pára de se expandir, estendendo-se, num arco de milênios, a estes nossos dias cibernéticos. Vamos ficar portanto com uma determinada África. A África dos zulus e dos nagôs, dos bambaras e dos ndembos, dos !kungs e dos tongas, dos acãs e dos acambas. Em suma: com aquela África cuja imaginação verbal veio marginando longamente – por ignorância, desconfiança, falta de empenho ou isolamento florestal, entre muitos outros prováveis motivos – a magia da escrita. E números falam. Não sei exatamente o que os primeiros caçadores e coletores europeus de informações sobre a África encontraram pela frente no século XIX.

Mas, em termos quantitativos, no terreno que aqui prende a nossa atenção, a realidade não deveria ser muito diversa daquela que se conhecerá uma centúria mais tarde. Ruth Finnegan adverte que mesmo hoje não se sabe o número preciso das línguas existentes na África. Adianta apenas que a cifra citada com mais freqüência – oitocentas línguas – é provavelmente uma estimativa algo avarenta. Por sua vez, o teólogo John S. Mbiti assevera que existem cerca de mil religiões no continente africano. E as flores da fala, vale dizer, as formas assumidas pelo texto criativo, gênero e subgêneros, que soma atingiriam? Não sei responder. Mas podemos tranqüilamente imaginar a extensão e a variedade desse espectro textual. E é no interior desse largo conjunto de signos que vamos encontrar o subconjunto textual iorubano, com suas árvores e seus arbustos viçosos, com todos os seus galhos e esgalhos, sua profusão de folhas, ramagens e parasitas, seus frutos numerosos como as estrelas do verão.

Whorf dizia que a fala é o melhor espetáculo encenado pelo ser humano. Não se trata de concordar ou discordar, mas de fazer um balizamento. É que a fala – mediando, entremeando e trespassando todas as nossas atividades cotidianas, inclusive os delírios oníricos – aqui e ali se configura de modo distinto, notável, superando a visada meramente pragmática da comunicação técnica imediata. São *punti luminosi*, cristalizações sígnicas diferenciadas em meio ao conjunto total das condutas verbais. E assim podemos nos aproximar do - e talvez flagrar o - momento em que a palavra poética brota da palavra prática, desenhando um torneio digno de nota pelo arranjo dos elementos que o constituem. Desse ponto de vista, se a fala é o melhor espetáculo encenado pelo ser humano, ela às vezes apresenta um espetáculo dentro do espetáculo: a poesia. Mas não se pode, por outro lado, reduzir o poético ao poema. O poético pode se encarnar num poema tanto quanto fora dele, em grafites, em trocadilhos de mesa de bar, num estádio de futebol, em tiradas que ressoam nas ruas, no paleio mais inconseqüente. Ou seja: há um espetáculo dentro do espetáculo, mas que não coincide necessariamente com os limites do objeto "poema". Ele pode repontar em qualquer comportamento lingüístico, embora seja a marca registrada das artes da palavra.

Em suma, esses jogos verbais - e poesia é isto, para desespero dos "conteudistas": jogo verbal - permeiam a nossa vida. Mas há também quem defenda a tese de que eles estão ainda mais vívidos e intensamente presentes no dia-a-dia das chamadas sociedades tradicionais. Edmund Leach, por exemplo. Para Leach, enquanto nós somos treinados para pensar em termos científicos, muitos povos "primitivos" são treinados para pensar poeticamente (o que pode ser definido como uma versão *light* da famosa tese viquiana acerca da fala poética da primeira humanidade). Pelo fato de sermos letrados, tendemos a valorizar palavras com significados exatos - *dictionary meanings*. "Toda a nossa educação se destina a fazer da linguagem um instrumento científico preciso. Espera-se que a fala ordinária de um homem educado corresponda aos cânones da prosa mais do que aos da poesia; a ambigüidade da declaração é deplorada. Mas numa sociedade primitiva, o inverso pode ser o caso; a faculdade para fazer e entender sentenças ambíguas pode mesmo ser cultivada", acredita o antropólogo. Não sei dizer se esta sua crença - formulada, de resto, em termos condicionais - possui validade universal. Mas parece que se sustenta diante da realidade lingüística africana e, o que mais me importa no momento, vale tranqüilamente para os iorubás. É o que afirma com clareza Ruth Finnegan. Aqui, Jakobson teria exemplos e mais exemplos para reforçar a tese de que o poético não se acha atado ao poema, espraiando-se antes pelos mais diversos movimentos da fala. Ruth Finnegan é categórica a esse respeito. Diz que é um problema tentar distinguir, no conjunto da comunicação oral africana, o que contar ou não como "literário". Finnegan tem em mente coisas tão distintas quanto trocadilhos cotidianos, canções formulares de caçadores, preces improvisadas, provérbios, palavras formais de boas vindas, etc. E é taxativa: "Não há nenhum ponto pelo qual eu poderia traçar uma linha divisória definitiva". Mas se é difícil, ou mesmo impossível, riscar uma separatriz entre o poético e o não-poético, é fácil, fora das flutuações dessa zona fronteiriça, reconhecer organismos ou construções verbais que se impõem a nós, ostensivamente, como textos criativos. E é aqui que vamos dar de cara com a fascinante variedade da criação textual africana. Não importa a direção para a qual decidamos voltar o nosso olhar. Em qualquer uma das quatro partes do "continente negro", brota e viceja, há milênios, o fazer poético. São canções de guerra, cantos funerais, cantigas de ninar, hinos militares, preces, encantações, cânticos religiosos, loas imperiais, poemas didáticos, *work songs* e tantas outras formas assumidas pelo texto criativo, numa esfuziante proliferação de pérolas verbais, produzidas por um elenco de *designers* da linguagem que vai, digamos, dos cantadores achantes aos cultores profissionais da poesia dinástica de Ruanda. Em meio a tais criações poéticas, encontramos, aliás, algo de radicalmente estranho à tradição estética ocidental: o texto percussivo ou poesia dos tambores, *drum poetry* executada pelos assim chamados *talking drums*, os tambores falantes.

Ezra Pound se referiu a esses tambores africanos em seus *Cantares*, tematizando uma aventura vivida por Leo Frobenius, em cuja obra foi colher o conceito de *paideuma*:

> The white man who made the tempest in Baluba
> Der im Baluba das Gewitter gemacht hat...
> they spell words with a drum beat...
> (Canto XXXVIII)

Como não há quem ignore, essas mensagens africanas veiculadas por tambores ganharam espaço em representações artísticas ocidentais, das estórias em quadrinhos ao cinema. Mas elas comparecem aí sob uma espessa nuvem de mistério, semeando pânico entre brancos que não sabem decifrá-las, a menos que surja um decodificador chamado Tarzan. Os estudiosos do assunto já foram bem além dessa fantasia. E o que se desdobra diante de nós, a partir do quadro traçado pelos levantamentos e leituras realizados, é uma técnica de tradução midiática, um campo intersemiótico, onde o simbolismo verbal é recriado no encontro da mão e do couro do tambor.

Vejamos. Finnegan faz uma distinção inicial entre dois tipos de comunicação através de tambores. De um lado, uma convenção simples. Um código em que sinais sonoros pré-fixados representam, em globo, a mensagem. Não existe uma base diretamente lingüística para o ato comunicativo. Trata-se de algo como, por exemplo, um sistema de luzes que sinalize o nível da água num reservatório, por meio de um número previamente estabelecido de combinações. De outro, temos a "representação direta da própria língua falada, simulando os tons e os ritmos da fala real". Aqui, os tambores falam. Passamos do horizonte dos sinais para o universo dos símbolos verbais, ou do *drum-signalling* para o *drum-talking*, plano da comunicação *lingüística*, com os tambores tentando imitar a voz humana. No entender de Finnegan, esta "expressão de palavras através de instrumentos" é possível porque as línguas aí utilizadas são tonais. "Os padrões tonais das palavras é que são diretamente transmitidos e os tambores ou outros instrumentos envolvidos são construídos para produzir pelo menos dois tons", esclarece a estudiosa, observando que a inteligibilidade da mensagem cresce com a recriação direta, na geração do som, da estruturação rítmica da fala. A essa altura, Finnegan faz uma segunda distinção. De uma parte, as mensagens utilitárias. De outra, as mensagens poéticas. Mas esta divisão não se sustenta no âmbito do texto instrumental, seja ele nagô ou achante. Melhor fazer uma distinção entre mensagens intencionalmente pragmáticas e mensagens intencionalmente poéticas, já que a bipartição está ancorada na postura do emissor. Deixando de lado a intenção do sujeito, mensagens pretensamente utilitárias se revelam estéticas. A razão disto se encontra no próprio processo de tradução *across-media*. O suporte do texto, e o meio físico em que este se projeta, às vezes atravessando milhas de floresta fechada, fazem as suas exigências. E os procedimentos construtivos sistematicamente acionados nesta espécie de representação da língua – um jogo de sintagmas fixos, contrastes tonais e reiterações – acabam engendrando o texto na esfera do poético. Bem vistas as coisas, a própria eficácia da comunicação pragmática repousa, em última análise, na poetização.

A fim de contemplar a *Wortkunst* negra, basta poder saber olhar para ela. É múltiplo e diverso o elenco de objetos sígnicos *made in Africa* nos quais a linguagem se apresenta sob a regência da "função" poética, submetida àquela espécie de trabalho que recorta criativamente a língua e faz da fala uma obra que a eleva à segunda potência, projetando-a na dimensão estética das construções verbais. Os africanos nunca duvidaram disso. Jamais colocaram em dúvida o esplendor e a abundância de suas criações textuais. Na verdade, não há notícia de povo algum que não tenha dedicado parte de suas energias mentais à meditação acerca da natureza da linguagem, de suas diversas instâncias e de seus plúrimos empregos. Prova disso são as inúmeras e engenhosas classificações que os mais variados povos elaboram para designar diferentes modos de ser ou de aparecer da palavra, na tentativa de dar conta da pluralidade dos seus arranjos e configurações, sem se esquecer de articular textos e contextos. Parece, de resto, que toda criação verbal implica, não importa exatamente em que grau, reflexão sobre esta mesma criação verbal – da metalinguagem celebratória, exaltando os poderes desta ou daquela linguagem, à metalinguagem que talvez possamos designar como "crítica", ou embrionariamente crítica, no sentido em que procura iluminar as fontes ou a natureza do texto criativo, como no caso da teoria grega da inspiração ou da visão guarani da "linguagem enfeitada", *ñe 'ẽ porã*. Assim, é provável que nenhuma poesia deixe de trazer consigo, ainda que da forma mais obscura e enigmática, a sua própria metapoesia.

TOQUES PARA UMA POÉTICA NAGÔ

As coisas não se passam de modo diferente na África. Também aí vamos nos deparar com reflexões sobre a linguagem e o artesanato lingüístico. Tome-se, por exemplo, o caso dos bambaras, povo que vive na região de savana ao sul do Saara. O que encontramos entre eles é uma teoria da origem divina da linguagem: "a Palavra, *Kuma*, é uma força fundamental que emana do próprio Ser Supremo, *Maa Ngala*, criador de todas as coisas", escreve Hampaté Bâ. No gênesis bambara, como no *Bere' Shith*, a "cena da origem" da Bíblia hebraica, a palavra é o instrumento da criação: o que Maa Ngala diz, vem à existência. É um *fiat* verbal. Cada ser que surge é uma palavra materializada. Uma cristalização da fala. Mas o interessante é que no mito da criação do universo e do homem, segundo a tradição bambara do Komo (grande escola iniciática do Mali), Maa Ngala, depois de criar os seres fabulosos que povoaram o que antes era "um Vazio vivo", viu que nenhuma dessas criaturas estava em condição de ser o interlocutor, *kuma-nyon*, que ele tanto desejara. Foi então que o deus retirou uma parcela de cada uma das criaturas já postas no mundo, misturando-as e insuflando na mistura uma centelha do seu hálito ígneo, para assim criar o homem, a quem deu parte do seu próprio nome, *Maa*. O homem é portanto, simultaneamente, a soma do que existe na terra (reinos mineral, vegetal e animal) e partícipe da natureza divina. "Síntese de tudo o que existe, receptáculo por excelência da Força suprema e confluência de todas as forças existentes, *Maa*, o Homem, recebeu de herança uma parte do poder criador divino, o dom da Mente e da Palavra", escreve ainda Hampaté Bâ. E é por isso que a linguagem, ao mesmo tempo construtiva e destrutiva, pode colocar em movimento – animar – as coisas do mundo.

No caso iorubano, é importante observar certas relações entretecidas entre os deuses e a linguagem. Parte (ao menos) do grande poder de Orumilá-Ifá, o oráculo nagô, vem do fato dele ser, segundo a crença, um deus onilíngüe. Não se trata meramente de multi, mas, rigorosamente, de panlingüismo. Bolaji Idowu lembra que os iorubanos dizem que Orumilá é um lingüista, capaz de compreender cada língua falada na terra.

Afèdèfèyò, diz seu oriki, que me foi passado pessoalmente por Olabiyi Yai – montagem verbal desmembrável em *a* + *fọ̀* (falar) + *èdè* (língua) + *fọ̀* + *èyò* (língua iorubá). É assim que ele pode entender todos e a todos aconselhar. Se Orumilá conhece o destino (ori) dos seres humanos porque estava presente no orum (o mundo invisível; o além) no momento mesmo em que cada um de nós escolheu a sua fortuna, antes de desembarcar no mundo concreto (aiê), ele só pode ouvir nossas consultas e acolher as nossas súplicas porque é o senhor dos idiomas, dialetos e idioletos. Ao abarcar e decifrar a totalidade dos signos verbais existentes na superfície terrestre, é naturalmente universal. E o mundo humano torna-se então uma entidade transparente, decodificável em todas as direções, dócil e rastreável por seus incontáveis rumos e atalhos – "livro aberto", fácil para a leitura arguta e antecipatória do sábio que Olodumarê (o deus supremo iorubano) enviou para acompanhar Orixalá em sua missão de fabricar e ornamentar a terra sólida. E aqui podemos aproximar Orumilá – a quem Olodumarê deu uma sabedoria especial e o dom da antevisão – e Xangô, deus irascível e erótico, senhor do trovão, o "marido magnífico" de Oiá-Iansã, Oxum e Obá. A dimensão semiótica, extraverbal, é fortemente acentuada em Xangô. Em termos vestuais, a roupa rubra pontilhada de búzios brancos. E gestuais: Xangô é o orixá que fala com o corpo todo. E isto sem mencionar a crença de que ele despede chamas pela boca, qual dragão negro e divino das terras africanas. Mas Xangô é também o orixá da palavra e do discurso, dobrando a retórica a seus pés. É o senhor do axé na palavra – e, quando ele fala, todos se calam, inibidos tanto pelo receio de provocar a fúria de um deus temperamental e imprevisível quanto pela sua potência discursiva. Esta oratória contundente está assentada num conhecimento íntimo das estruturas lingüísticas e dos jogos de linguagem. É o que nos ensinam os seus orikis. Por exemplo:

Sàngó gbọ́ èdè gbọ́ ẹnà

Numa versão palavra-por-palavra, temos: "gbọ́" = ouvir, escutar, atender; "èdè" = língua; "ẹnà" = "uma inversão na ordem das letras, sílabas, palavras ou sentenças, sob a qual o sentido é escondido ou modificado" (*Oxford Dictionary*). R. C. Abraham registra, de resto, a forma *enan* ou *enòn* no iorubá moderno ("invertendo as palavras de uma frase de modo que o falante use um código entendido apenas por quem está familiarizado com ele, enquanto os demais presentes ignoram seu significado"). *Code-language*, em síntese. Mas não adianta ensaiar tal procedimento de camuflagem semântica diante de Xangô. O que significa que Xangô pode entender/atender qualquer mensagem, venha ela veiculada em fala plana ou de modo cifrado, críptico. Indo um pouco além, podemos dizer que o verso/linha citado indica que o orixá que se acende na chuva é capaz de captar o inteligível tanto quanto o aparentemente ininteligível. Ele desemaranha o código. Mas há uma diferença fundamental, que deve ser sublinhada. Orumilá se sentaria e se sentiria à vontade diante da torre de Babel, entendendo perfeitamente todas aquelas falas. Babel não seria para ele um amontoado de sons díspares, uma cacofonia gigantesca, mas algo tranqüilamente inteligível. Afinal, Orumilá entende toda e cada linguagem. O caso de Xangô, orixá da eloqüência, é diverso. Ele entende o iorubá atual, o iorubá arcaico, o iorubá encoberto – mas, sempre, o iorubá. Não há nenhuma indicação, que eu saiba, de que tenha se assenhoreado de todos os sistemas ou códigos lingüísticos existentes. Esta amplitude é prerrogativa de Orumilá, o Grande Decodificador, soberano dos signos do mundo.

Os iorubanos possuem suas classificações e suas técnicas de leitura da produção textual. Talvez pela razão das formas da poesia iorubá brotarem de um repertório comum de nomes atributivos, provérbios, etc. empregando os mesmos padrões de construção poemática, num extraordinário intercruzamento de temas e formulações lingüísticas, o fato é que os iorubanos classificam seus textos a partir de critérios extratextuais. Ulli Beier já dizia que a poesia iorubana é classificada não por seus desenhos temáticos ou por suas configurações estruturais, mas pelo grupo ao qual o *performer* pertence e pelas técnicas de oralização que ele emprega. Ruth Finnegan vai na mesma batida, observando que tal tipo de classificação indica que a performance é tão significante, para o "crítico nativo", quanto a estrutura do texto. E a verdade é que os estudiosos contemporâneos adotaram a classificação primeva, mapeando e esquadrinhando os referidos critérios extratextuais: o grupo de pessoas de que faz parte o poeta/cantor; a técnica de oralização; os *stylistic devices* acionados nos recitais; o modo como cada gênero soa na ação performática. É assim que Oludare Olajubu diz que o *iwì egúngún* (executado unicamente pelos membros do culto dos ancestrais) é um gênero específico, no conjunto da textualidade iorubana, pelos "métodos especiais de composição", a "técnica especial da performance" e o "tom peculiar de voz empregado no ato de cantar".

Mas os iorubanos não apenas distribuem ou dispõem por classes as formas textuais que produziram. Além desse ordenamento, encontra-se aí o cultivo tradicional da idéia de que um texto vem ao mundo para ser interpretado. Quando o texto criativo desponta ou irrompe como ponto luminoso em meio aos muitos jogos de linguagem que compõem o universo discursivo iorubano, surge como um agrupamento sígnico que está ali para ser comentado, debatido, explicado. A exegese textual é uma prática rotineira. Aguarda-se naturalmente que a atualização de um texto criativo gere sempre o metatexto exploratório, que deslinde ou desencave seus múltiplos sentidos. Mas é claro que, quando falo que o oriki existe para ser interpretado, não estou querendo dizer que aí esteja a experiência primária desta espécie de texto. O gesto reflexivo-interpretativo é sempre secundário. Apelando para a "distinção fenomenológica" entre compreensão e discernimento enquanto modos recepcionais distintos, Hans R. Jauss escreve que a experiência estética não se inicia pela interpretação do significado da obra, nem pela reconstrução da intenção do autor. "A experiência primária de uma obra de arte realiza-se na sintonia com (*Einstellung auf*) seu efeito estético, *i. e.*, na compreensão fruidora e na fruição compreensiva." Pensar que o texto foi composto não para o receptor, mas para o hermeneuta, não passa, ainda segundo Jauss, de uma presunção filológica. O que quero acentuar, no caso do oriki, é uma outra coisa. Enquanto no Ocidente a recepção concreta de um poema pode não passar de um processo atual de "compreensão fruidora" ou "fruição compreensiva", a atualização de um oriki é sempre seguida de uma interpretação. Existe, portanto, uma arraigada e generalizada hermenêutica do oriki e de outros gêneros tradicionais. E esta hermenêutica nada tem de desorganizada, de "ingênua" ou de anárquica. No dizer de Karin Barber, não apenas os textos poéticos foram feitos para ser decifrados – eles vêm acompanhados por métodos e técnicas de interpretação solidamente desenvolvidos. De acordo com a estudiosa, a decodificação do oriki, como de outros textos orais iorubanos, envolve coisas como a etimologia, a etiologia e a memória pessoal. Ou seja: antes que no reino do puramente aleatório, nos encontramos aqui no campo da análise interpretativa.

O oriki nasce no interior da rica malha de jogos verbais, de *ludi linguae*, que se enrama no cotidiano iorubá. Concordo com o ponto de vista de Bólánlé Awé sobre o assunto. O historiador acredita que o oriki-poema é uma extensão ou um desdobramento do oriki-nome (*oríki-sókí*, oriki-palavra), ou nome atributivo, espécie de apelido poético, digamos assim, que é um dos três nomes que o recém-nascido iorubano pode receber. A expansão de uma célula verbal é fenômeno comum no mundo dos textos. Jolles fala de provérbios que se expandem até se converterem em longos poemas proverbiais. Coisa semelhante se passaria entre o oriki-nome e o oriki-poema, com o nome atributivo se expandindo verbalmente em direção ideal à constituição de um corpo sígnico claramente percebido e definido como "poético". Na verdade, a expressão "oriki" designa nomes, epítetos, poemas. Cobre portanto de uma ponta à outra o espectro da criação oral em plano poético. Mas, afinal, o que quer dizer "oriki"?

A escolha do nome de uma pessoa tem para nós muito de insignificante. Depende quase sempre de uma eleição estética ou assume o caráter de homenagem a figuras reais ou míticas que tenham marcado a vida dos pais. Além disso, os ocidentais costumam batizar seus filhos com nomes cujo significado preciso desconhecem. São nomes de origem latina, hebraica, saxã, grega, distribuídos pelos mais variados países e culturas, sem uma conexão qualquer, concreta ou mística, entre o nome e o nominado. A eufonia prevalece sobre a semântica. E o resultado é uma onomástica vazia, cujos referenciais se perderam na poeira. Enfim, o que encontramos por aí não ultrapassa o laço frouxo que vislumbramos ocasionalmente num encontro de xarás – o que reforça ao extremo o contraste com a importância do nome nas sociedades tradicionais: entre o povo !kung (o sinal "!" indica um estalido labial antes do "k"), pejorativamente chamado "bosquímano", pessoas que partilham nomes estão seriamente vinculadas por obrigações especiais recíprocas. Sim: nas chamadas sociedades tradicionais, a questão do nome é de fato uma questão.

Já Tylor abordava o tema, embora diluindo-o numa visão abrangente dos rituais de purificação através da água e do fogo. Em sua cabeça, o que hoje chamamos rito-de-nominação deveria ser incluído entre as cerimônias lustrais dos povos selvagens e bárbaros, que estão na origem de costumes civilizados e semicivilizados, a exemplo do batismo cristão. São ritos de limpeza simbólica, removendo impurezas originárias do mundo invisível, especialmente por meio da imersão na água salgada, ou pelo simples ato de chuviscar o sujeito suspeito de estar magicamente maculado. Passa-se aqui do plano prático da limpeza física ao formalismo do plano simbólico. Tylor acha ainda que a idéia do saneamento simbólico não é monopólio de algum povo ou cultura, mas patrimônio da humanidade. E é no âmbito desses ritos lustrais de extensão universal que ele vai inscrever as cerimônias de purificação da criança recém-nascida e de sua mãe, embora não distinga qualquer conexão necessária entre limpamento e nominação: lavar e nominar o bebê são atos que se conjugaram casualmente, transmudando-se em práticas rituais entre povos tão diversos quanto os índios brasileiros, os hotentotes e os neo zelandeses. Radcliffe-Brown, por seu turno, incluiu a matéria na categoria dos costumes cerimoniais, em seu estudo sobre os ilhéus andamaneses. Vejamos o caso na trajetória existencial feminina. Ainda antes de nascer, a menina andamanesa é premiada com um nome. Pode, logo em seguida, ganhar um apelido. Mas ambos, nome e apelido, caem em desuso por um bom tempo. É que, à época da primeira menstruação, a moça ganha um nome novo. Passa a ser chamada por seu "nome de flor", já que recebe o nome de uma planta ou árvore que estiver florida no tempo cerimonial. E ela vai portar esse "nome de flor" até que dê um fruto, isto é, tenha um filho. Diz Radcliffe-Brown que é possível reconhecer, nas florestas andamanesas, uma sucessão distinta de aromas durante parte considerável do ano. A partir dessas seqüências odoríferas, os ilhéus dividem o ano em períodos florais. Compõem um calendário de perfumes, que funciona como repertório de nomes para as adolescentes que ingressam no ciclo das menstruações.

Generalizando para toda a população andamanesa, Radcliffe-Brown acha que o nome-de-nascimento é suspenso sempre que alguém se vê impedido de ocupar seu lugar "normal" na vida da sociedade. Nome e "personalidade social" ficam igualmente à margem. É assim que o "nome de flor" vigora entre a primeira menstruação e o primeiro parto, quando a mulher, tornando-se mãe, assume a sua "personalidade social completa". Por fim, Van Gennep, classificando a nominação entre os "ritos de passagem", vai vê-la como individualização do recém-nascido e rito de agregação social. Acho que está certo. Mas, mesmo que estivesse errado, restaria a *questão do nome* nas sociedades tradicionais – entre os andamaneses como entre os ianomamis.

No mundo africano tradicional, e no que dele ainda hoje persiste, a nominação é freqüentemente ocasião para festas e cerimônias. O nome da criança faz sentido, seja como registro das circunstâncias do nascimento, seja como tentativa de descrição ou expectativa caracterológicas, seja como herança de antepassados. E a pessoa pode prosseguir adquirindo nomes pela vida afora, em função de sua personalidade, por exemplo, ou de eventos de que tenha participado. Veja-se a propósito a festa do recém-nascido uolofe, logo banhado em água medicinal e conduzido para perto de um vaso de barro, cheio de nozes de *kola*, as vermelhas simbolizando vida longa e as brancas, boa sorte. Uma pessoa mais velha esfrega as mãos na cabeça da criança; cospe em seus ouvidos para que o nome se plante lá dentro; e, quando o nome é anunciado publicamente, orações se elevam. Festa e júbilo marcam também a nominação entre os acambas. O pai coloca um colar de ferro no pescoço da criança, que assim passa a ser vista como um ser totalmente humano, perdendo o contato com o mundo dos espíritos. Segue-se então o desempenho noturno do casal agraciado com o novo rebento: um intercurso sexual ritualístico, cujo objetivo é selar a separação do infante do mundo dos espíritos e sua agregação definitiva ao espaço dos seres e das coisas humanas. Do mesmo modo, como já nos mostrava o velho Samuel Johnson, dar nome a uma criança é um acontecimento importante para os iorubanos, evento que não transcorre sem festividades e celebrações. A época do batizado varia: a fêmea recebe seu nome no sétimo dia após o parto; o macho, no nono. O caso dos gêmeos é especial – e, como eles representam a androginia, a nominação é feita no oitavo dia. Na ordem prevista, a criança e sua mãe são levadas à sala da casa – numa ação que se chama justamente *ko omo jade* (trazer a criança para fora) – e aí tem início a cerimônia.

Conforme a descrição de Johnson, os principais amigos e parentes se reúnem de manhã na casa. A criança e sua mãe deixam o quarto e a água de um jarro é atirada em direção ao telhado, de modo que também o bebê seja atingido pela dispersão aérea das gotas. A criança é então nominada pelos parentes e pelos membros mais velhos da família e, com entrega de presentes, a festa continua. Em alguns casos, além de se fazer oferendas e sacrifícios, consulta-se o oráculo da casa acerca da criança. Como já foi dito, o recém-nascido pode receber até três nomes: *àmútòrunwá* (nome que já vem do orum); *abíso* (nome dado no nascimento); *oríkì* – cognome, alcunha, nome atributivo. Mas nem todas as crianças precisam dos – ou podem ter os – três. A que "nasce com um nome" (*àmútòrunwá*, "trazida do orum"), por exemplo, tem sua particularidade. Isto ocorre, segundo Johnson, quando "a circunstância peculiar de seu nascimento pode ser expressa por um nome que é aplicável a todas as crianças nascidas nas mesmas circunstâncias". São os casos dos gêmeos, cercados de uma aura de mistério na cultura iorubana; da criança concebida fora do período menstrual; da que vem à luz com o cordão umbilical envolto no pescoço; da que nasce com um número maior de dedos; com os cabelos encaracolados; quando a mãe está viajando ou fora de casa; quando o nascimento ocorre no Ano Novo ou em algum festival anual ou dia sagrado; etc. Há ainda nomes genéricos para crianças que nascem logo após o falecimento de um dos avós, para aquelas cujas mães morrem no parto ou durante o puerpério e para as que chegam mortas. Em todos esses casos, as crianças já vêm batizadas. Mais que um nome próprio, temos aí uma classe, um selo verbal, rótulo gravado no orum.

Do nome ao poema. Quando este percurso se cumpre concretamente, o oriki-nome pode ser visto, de uma mirada retrospectiva, como uma unidade temática mínima – e, digamos, pré-constelacional. Isto é: uma unidade que vai se expandindo, se desdobrando e agregando outras unidades que a ela se vinculam por laços de parentesco lingüístico, ou por afinidades semióticas. Do nome ao poema: semiose, signos em rotação. Mas não exatamente seguindo o *script* proposto pelas fascinantes leituras anagramáticas de Saussure, ali onde o lingüista genebrino subverteu a sua própria teoria da linearidade do signo. Saussure estava preocupado com a substância fonética da palavra e com simetrias fônicas dispostas no campo textual. Acreditava que um poema pudesse ser encarado como a ampliação de uma palavra-tema, ou "hipograma", foneticamente pulverizada. Starobinski, editando os *cahiers* do mestre, escreveu: "o poeta atualiza na composição do verso o material fônico fornecido por uma palavra-tema"; assim, "a produção do texto passa necessariamente por um vocábulo isolado... via de acesso e reserva de fonemas privilegiados sobre os quais se apoiará o discurso poético acabado". Mais precisamente, um verso, um grupo de versos ou mesmo o texto poético completo pode se construir pela imitação fônica (anagramatização) de uma palavra, o hipograma, geralmente o nome de um deus ou de um herói: do nome ao poema, portanto, mas em escala fonológica. Ainda Starobinski: "O 'discurso' poético não será, pois, senão a segunda *maneira de ser* de um nome: uma variação desenvolvida que deixaria perceber, por um leitor perspicaz, a presença evidente (mas dispersa) dos fonemas condutores". Caberia ao receptor-analista reconhecer e reunir esses fonemas, "como Ísis reunia o corpo despedaçado de Osíris". É certo que os poetas iorubanos jogam textualmente com nomes de orixás, do anagrama ao trocadilho. É certo, ainda, que o oriki-nome pode funcionar como matriz do texto poético. Ele mesmo pode ser visto, de resto, como uma espécie de poema-minuto. Mas não situo a passagem do oriki-nome ao oriki-poema em termos saussurianos. Não só porque a tese saussuriana parece conduzir a um *blind alley* (dado o reduzido número de fonemas, praticamente qualquer texto pode ser reconstruído de uma perspectiva anagramatizante), como porque não vejo o oriki-nome constituindo objetivamente uma espécie de subtexto ou paratexto configurado a partir de sua pulverização fonética enquanto hipograma. Diferentemente do anagrama saussuriano, o oriki-nome se expande principalmente através da justaposição ou ao menos da aproximação de blocos sintáticos estruturados de forma paralelística, e não em plano microestético, fonológico, pela dispersão textual de sílabas ou fonemas. O oriki-nome é um epíteto. O oriki-poema é, basicamente, um conjunto de epítetos. Ou seja: a ampliação se dá não por meio de uma disseminação estratégica de fonemas, mas pelo agrupamento de frases atributivas, epitéticas.

"Oríkì can be about anything under the sun", escreveu certa vez o historiador Bólánlé Awé. Sob o sol do aiê e sob o sol do orum, podemos acrescentar. Tudo o que existe, aqui ou no outro mundo, pode ser premiado com a composição de um oriki. Em princípio, ao menos, nada conseguiria escapar à sua rede de signos. Seres e símbolos do além; e aqui, em campo terrestre, o que quer que pertença a qualquer um dos nossos reinos, vegetal, mineral ou animal – para não falar de criações específicas da vida sociocultural, como guerras, impérios, famílias, cidades. O oriki é onirepresentacional. Além disso, não tem somente uma existência autônoma. Orikis aparecem engastados no corpo de outras formas poéticas, como no texto ijalá, nos cantos das moças nubentes ou na poemúsica dos ancestrais. Como se não bastasse, é onipresente na vida iorubana, peça indispensável dos ritos sociais. Em meio aos modos textuais criativos encontráveis no mundo nagô-iorubá, nada é tão presente e tão popular quanto o oriki. "Enquanto os versos de Ifá são esotéricos e as canções populares são efêmeras, o *oriki* é largamente conhecido e profundamente apreciado", escreve Karin Barber, para resumir tudo numa simples frase: "People grow up hearing *oriki* every day". Sim. Orikis são emitidos para ninar crianças, receber visitas, celebrar deuses; ressoam, também, em batizados, noivados e funerais; comparecem, ainda, em cumprimentos palacianos, batalhas e festivais; "and are also constantly in the air as greetings, congratulations and jokes".

Em suma, são objetos de linguagem que pontuam todos os momentos e movimentos da existência social na Iorubalândia. Daí que constituam um território discursivo privilegiado para o exame e a compreensão da trama da vida nagô-iorubá, fornecendo elementos e chaves para os mais diversos tipos de análise e de postura analítica. Para dar alguns exemplos, Pierre Verger vai examiná-los em função da cultura religiosa; Awé, como guia e fonte de dados para a pesquisa historiográfica; Barber, a fim de empreender leituras socioantropológicas.

Existem diversos tipos de oriki. Ou antes, os iorubanos classificam seus orikis de acordo com o objeto que o texto recria. Forma-se, por essa via, uma tipologia nativa dos espécimes dessa espécie poética.

Temos assim, por exemplo, a classe dos orikis de linhagem, *oríkì orílẹ̀*, a dos orikis de pessoas ilustres, *oríkì bòrọ̀kínní*, a dos orikis de cidade, *oríkì ìlú*, etc. Karin Barber fala até mesmo da existência do antioriki, chamado *àkìjà* ("provocative epithets"), que, ao invés de celebrar a riqueza ou a bravura características de uma pessoa ou linhagem, concentra-se justamente no que é vergonhoso e ridículo, frisando acidentes e incidentes cômicos e/ou embaraçosos de suas trajetórias... Pois bem: em meio a esses diversos tipos de oriki, destacam-se, sem dúvida, os orikis de orixá, *oríkì òrìṣà*, que são figurações concentradas (e não raro enigmáticas) dos deuses do panteão nagô-iorubá. Para usar livremente expressões do velho Giambattista Vico, os orikis de orixá podem ser vistos como um elenco de ideogramas que os "poetas teólogos" da Iorubalândia compuseram para os *caratteri poetici* de seu universo cultural. E é bom enfatizar que ninguém emite um oriki de orixá em vão. Recitar ou cantar um oriki de Oxóssi não

ORIKI ORIXÁ

é o mesmo que recitar um poema de Blake ou cantar um *blues* do repertório de Billie Holiday. As palavras têm, no oriki, uma carga especial. Uma certa densidade energética. E coisas podem acontecer a partir de sua simples emissão. Quando recito um oriki de Oiá-Iansã, sei que ela está me ouvindo - e que, a depender do meu gesto e da minha fidelidade textual, pode me abençoar. Um oriki de orixá não é um texto qualquer. E não só na África, mas também no Brasil. Certa vez, quando comecei a recitar um oriki de Oxóssi, uma filha-de-santo do orixá se retirou da sala onde estávamos, com um misto (declarado) de respeito e receio.

À simples menção da expressão "soneto", o sujeito criado na tradição literária ocidental geralmente aguarda, de modo quase que automático, a aparição de um organismo poético apresentando quatro blocos verbais com 4-4-3-3 versos cada. É que o soneto é uma forma fixa, assim como a sextina provençal. Não é este o caso do oriki. Sem medida métrica, armação estrófica ou número de "versos" previamente estabelecidos, o oriki é uma "forma orgânica", tipicamente orgânica. Podemos encontrar tanto um oriki sintético, concentrado, quase uma cápsula poética, quanto um oriki quilométrico, transbordante, longo recitativo que parece que nunca vai chegar a um ponto final. Do mesmo modo, enquanto um soneto em decassílabos progride com uma regularidade impecável, matemática, o oriki não traz qualquer padrão de controle da extensão/ duração de linhas. Um mesmo oriki pode exibir linhas de extensão muito variável. Regra geral, uma peça desse gênero poético é um conjunto de linhas longas, médias e curtas, agrupadas não em obediência a um esquema genérico rígido - e dado de antemão -, mas em função da definição do objeto tematizado. Repetindo, o oriki é uma forma orgânica. É o avesso mesmo da forma cristalizada, do molde ou esqueleto riscado com antecedência e de uma vez por todas, que o poeta devesse ir preenchendo através de suas escolhas verbais. Ao contrário: aqui, cada texto gera o seu próprio *design*. Mas há mais. Para além do meramente "orgânico", o oriki é uma *forma infixa*. Construído com base numa sintaxe de montagem, o oriki aparece como uma espécie de colagem verbal, cujos blocos lingüísticos, ou unidades temáticas, não possuem uma ordenação rigorosa, podendo inclusive ser subtraídos numa ou noutra performance. Olatunde O. Olatunji insiste nesse aspecto. Ele comparou um mesmo oriki em três performances diferentes, constatando a existência de variações no ordenamento das unidades temáticas e subtrações de linhas (115, 122 e 129 linhas). Assim, orgânica e infixa, a forma do oriki nasce, ao menos idealmente, das necessidades sugeridas pela própria *definição* do objeto que o poeta resolveu focalizar/recriar. Aliás, segundo Karin Barber, a expressão "oriki" é usada, na escrita acadêmica iorubana, para traduzir a palavra inglesa "definition" – "for *oriki* are felt to encapsulate the essential qualities of entities".

O romântico Novalis, que sonhou com uma fusão de poesia e filosofia numa espécie superior de saber, já assinalava, ainda que de um ponto de vista "evolucionista" que sabemos insustentável (se já não é possível falar de "evolução" no terreno da filosofia, estaremos definitivamente condenados ao disparate sempre que o assunto aflorar em esfera estética), o caráter fragmentário e não-linear da criação poética nas sociedades tradicionais. "O poema dos selvagens é uma narração sem começo, meio e fim", dizia ele – vendo nessa produção do espírito embrionário ou rasteiro ("o poema épico é o poema primitivo nobilitado") apenas uma espécie de "vivificação meramente dinâmica da faculdade de representação" –, para acrescentar que o prazer sentido pelo ser humano "primitivo", diante dessas obras carentes de uma estruturação linear, era "meramente patológico". Mas o fato é que, deixando de parte – e bem de parte – o julgamento etnocentrista, Novalis faz uma observação tecnicamente correta, quando aplicada a diversas poéticas extra-ocidentais. Em relação ao oriki, por exemplo, é perfeita. A última coisa que devemos esperar encontrar, nos orikis de orixá, é o desenvolvimento lógico-linear de uma idéia ou um enredo. Inexiste aqui qualquer preocupação em tecer uma estória ou recontar uma história. Orikis não são textos narrativos, sequer no sentido da narrativa fragmentária. Essa ausência de linearidade chega inclusive a comprometê-los, até certo ponto, enquanto fonte documental para a pesquisa historiográfica. Referindo-se especificamente a orikis de personagens notáveis, Bólánlé Awé lamenta: "Diferentemente de outras tradições orais, o oriki não conta uma estória; apenas delineia um retrato que é freqüentemente incompleto; tal retrato somente ilumina aqueles aspectos que os contemporâneos julgaram dignos de nota na vida de um indivíduo, e faz isso, algumas vezes, numa linguagem tão sucinta, altamente figurativa e comprimida que a tradução, com freqüência, apresenta-se como um problema". Escrevendo sobre o assunto, em meu livro *Textos e Tribos*, cheguei a comentar: "Mas o que pode deixar a desejar, de uma perspectiva historiográfica, é certamente uma virtude, do ponto de vista poético. Poesia não é relatório, arrazoado cronicista ou registro tabeliônico, mas síntese, 'essências e medulas', manifestação formalizada da linguagem ou linguagem 'não-casual', como disse um lingüista". Nada tenho a acrescentar. Antes que desenvolver linearmente um discurso, o oriki opera pela justaposição de blocos verbais, como já disse. Toda a questão se resume nisso: o princípio construtivo do oriki é a parataxe. Nos níveis lexical e sintático. Sim - paratática é a estruturação do texto segundo um princípio de montagem, "ideogrâmico", onde as proposições vão se sucedendo como numa colagem de unidades, sem que se providenciem nexos discursivos para uni-las num encadeamento lógico e/ou cronológico. Em termos lexicais, uma palavra composta, fusão verbal ou palavra *portmanteau* é uma construção paratática. No nível sintático, paratática é a colocação de palavras uma após a outra, sem ligaduras ou "conjuntores", vale dizer, livres de um princípio hierarquizante. A construção por coordenação e não por subordinação. O acoplamento de unidades frásicas. O estilo hipotático, ao contrário, é dominado pela construção subordinativa, feita sob medida para a armação de desenvolvimentos lógicos e seqüências temporais. No caso do oriki, temos a junção da parataxe lexical e da sintaxe paratática, ou paralelismo sintático. É por isso que falo em *assemblage* e ideograma. A essência do método ideogrâmico de compor, tal como formulado por Pound, está na justaposição. O curioso é que, enquanto Novalis vê a não-linearidade como algo característico, ou mesmo distintivo, de uma poética "selvagem", o poeta norte-americano Jerome Rothenberg vai vê-la justamente como um elemento que aproxima milenares textos extra-ocidentais de textos produzidos no âmbito das vanguardas estéticas do século XX... E Rothenberg está certo: a não-linearidade e a sintaxe de montagem estão entre os traços mais salientes da produção poética de nossa época.

Quem se aproxima do oriki, impressiona-se de cara com o tecido sonoro do texto e com a sua linguagem hiperbólica. O gosto pelo grandioso é uma *trade mark* do gênero. Em outras palavras, o modo de definição do objeto, que encontramos no oriki, funda-se na maximização dos traços daquilo que é representado. É a visão enfática, superenfática, de personagens, coisas, fenômenos e processos. A *hyperbolê*, figura do excesso. Mas não, é claro, no sentido de uma amplificação lingüística, soma ou enxame de vocábulos, tal como ocorre no texto barroco – e sim no sentido do excesso semântico. O que caracteriza o hiperbólico é o enquadramento ampliado, o realce extremo, o esforço em promover a grandeza do objeto focalizado. E o que vemos no oriki é justamente isso: o giro hiperbólico da palavra – vale dizer, uma retórica do exagero no plano referencial do discurso.

A esses traços francamente espetaculosos, extraordinários, somam-se os rasgos imagéticos. O galope das imagens, como costumo dizer. São imagens amplas, coruscantes e contundentes. Imagens-pedras de raio. Antes que pelo controle ou pela prudência, a *imagérie* do oriki se pauta pelo insólito, o grandioso, o extravagante. Daí à metáfora, tantas vezes surpreendente (como, aqui e ali, a adjetivação: "buceta inteligente", por exemplo, num oriki de Oiá) para o leitor educado na textualidade literária de extração greco-latina. E à chamada "metáfora direta", abolindo a partícula verbal comparativa, o "como" detestado pelos futuristas italianos: "Ekùn tí njé ewé ata", abertura de oriki de Oiá-Iansã: *leopardo que come pimenta crua*. Da imagem à metáfora, o oriki aparece então como uma prática poética classificável, em termos poundianos, como *fanopéia* – "a casting of images upon the visual imagination".

"Rimas: dois homens vestidos iguais, parecendo o mesmo, dois a dois." A definição é de Joyce – e de um humor tipicamente joyceano. De um modo geral, podemos nos referir à rima como a uma reiteração de células fônicas a intervalos regulares. E se assim é, não encontramos nos orikis o que se possa chamar, com propriedade, esquemas rímicos. A rima é um evento sonoro localizado e o criador de orikis parece mais voltado para a orquestração geral do estrato fônico do texto do que para a ocorrência intermitente de encontros pontuais. Não é que a rima inexista – e sim que é quase que totalmente ausente, surgindo mais com a aparência de um acidente do que com a de um recurso construtivo. O que há mesmo é uma preocupação com a arquitetura sonora em seu conjunto. Um artesanato dirigido à massa fônica em sua totalidade. E o trabalho com o material fonético é de tal ordem que os orikis costumam exibir uma textura paronomásica realmente digna de nota. Ouçam esse trecho que colho ao acaso, anáfora + onomatopéia + paronomásia: "Aféfé nlá-nlá tí nwó ilé/Aféfé nlá-nlá tí nwó igi/Má fẹ lú wà ó/Hèépà, Oya òrírí ará Irá" – ícone da ventania varrendo árvores (aféfé nlá-nlá...), quebra do paralelismo para a súplica (má fẹ...), fluência do jogo fonético, vibrante + vogais abertas, no elogio da deusa ("òrírí ará Irá")... e no entanto essas linhas, em termos de música de palavras encontrável nos orikis, nada têm de excepcional. Não são linhas incomuns. Um pouco antes, nesse mesmo oriki, podemos ter outra delícia verbimelódica: "Obìnrin biribiri aya Ṣàngó/Oya òrírí a bá ni jà má nàgà" – visão da ativa e altiva Oiá, amor de Xangô, bela na guerra. E há, ainda, o jogo de tons. A configuração tonal do texto, com suas ondulações, seus matizes e contrastes, seu movimento ascendente e suas descaídas, seus *glidings*. Oriki, música verbal. *Melopéia*.

Paralelismo. Tocamos já no assunto. À repetição de partes de frase ou de frases inteiras – igualmente ordenadas – chama-se "paralelismo". Ou, nas palavras de Sapir, o paralelismo existe quando estamos às voltas com "uma mesma sentença fundamental". Seu caso mais intenso, por assim dizer, está na anáfora, reiteração de vocábulo em posição de dominância sintática. No oriki, encontramos a construção paralelística e sua intensificação, o paralelismo anafórico. A construção paralelística do oriki tem, como uma de suas peças principais, o procedimento da nominação. Este procedimento se destaca, por sua altíssima incidência, no conjunto das demais equivalências sintáticas que estruturam ritmicamente o gênero em questão. Mas não só. No caso específico do oriki, a nominação é importante não apenas para a estruturação rítmica, mas também como reforço do caráter hiperbólico do texto. Isto é: a nominação, encadeando sucessivamente atributos diversos, responsabiliza-se pela composição de um rol de hipérboles, de uma série de sintagmas que, dispostos em seqüência ou justapostos, atualizam um paradigma do excesso – e é assim que se configura, na dimensão do exagero, a fisionomia do objeto que o poeta recria.

Metro e ritmo. Além de não apresentar esquemas rímicos, o oriki também não nos mostra um padrão métrico definido. Sou levado a concordar, nesse particular, com o *olhouvido* armado, sensível e minucioso de Olasope O. Oyelaran. No seu rastro, podemos dizer que não é admissível falar de métrica a propósito do oriki, ou mesmo a propósito do conjunto global da poesia tradicional nagô-iorubá. Metrificação alguma parece vigorar no espaço da arte nagô da palavra – seja ela acentual, tonal, duracional ou silábica. Já escrevi longamente sobre o assunto, no ensaio "De Orikis", publicado originalmente na revista do Centro de Estudos Afro-Orientais da universidade baiana e posteriormente incluído em *Textos e Tribos*, de modo que vou me resumir aqui. O metro, todos sabem, é uma característica de textos em que o material fônico está submetido a um padrão numérico. Costumamos distinguir entre dois sistemas métricos principais: o silábico e o silábico-prosódico. No silábico, temos a simples contagem de sílabas por linha; no silábico-prosódico, o metro duracional (unidades longas e breves) e o acentual (sílabas acentuadas e não acentuadas). Fala-se ainda em versificação tonemática ou metro tonal, que Jakobson assimila ora ao metro duracional, ora ao acentual. Para ele, a chamada versificação tonemática acaba se baseando na oposição longura/brevidade ou oposição acento/não-acento. Ou seja: sistemas métricos estão montados na oposição de picos silábicos, no nível relativo dos picos ou em sua longura igualmente relativa. Assim definidas as coisas, não há métrica na poesia iorubá. Para Oyelaran, a procura de uma regularidade qualquer, como princípio definidor de um sistema métrico da poesia iorubana tradicional, é uma busca inútil. Veja-se o exemplo do oriki. O que impera é a a-metricalidade. Os orikis não só não apresentam o mesmo número de linhas-versos, como estas não apresentam o mesmo número de sílabas. E se o número de sílabas não se repete, falta a recorrência que define a métrica. Os tons também não se regulam por um padrão numérico. Sua alternância não é periódica, o que significa dizer que inexiste um *pattern* tonemático. Beier e Gbàdàmósí, aliás, já avisavam: a estrutura tonal da poesia iorubana não é um equivalente do metro europeu. Em suma, não há, na poesia iorubana, esquemas métricos abstratos ou independentes que determinem previamente o número de sílabas, sua duração, o jogo de acentos ou o desenho tonal.

O ritmo do texto oral iorubano não nasce, portanto, do metro. Mas o ritmo poético não é necessariamente um produto ou um efeito da regulamentação métrica do material fonológico. Pode-se defini-lo, em termos mais amplos, como uma reiteração regular de certas unidades estruturais. E se a formação rítmica pode resultar de fatores diversos, de seqüências métricas a relações entre grupos sintáticos, Oyelaran postula que, embora esses fatores possam estar presentes na poesia de todas as línguas, uma língua particular não está impedida de selecionar um deles como fator central. É assim que ele defende a tese de que, no caso da poesia nagô-iorubá, são as estruturas sintáticas que surgem como o fator fundamental da determinação rítmica. E aqui voltamos ao paralelismo. Mais exatamente, ao tema do lugar da organização sintática na construção do ritmo. Escreve Oyelaran: "...o ritmo distintivo da poesia iorubá se realiza predominantemente através do uso do paralelismo sintático, que condiciona o uso de outros dispositivos poéticos empregados para alcançar esse mesmo fim". E essa poesia pode ser polirrítmica justamente em conseqüência da justaposição de blocos de seqüências paralelísticas que diferem estruturalmente entre si. Exemplo (registro de Sàlámi):

Ọya n'ílé, Ọya l'óko
Obìnrin wò, bí ojo rò
Obìnrin kàtàkiti bíi ji
A jí fà 'ji
A jí rìn l'ójò
Bẹ́ni o, Ọya nlá.
Hépàripà Ọya o, hé-hé-hé
Ajagajígi eégún inú aféfé
Ajagajígi eégún iní iná
Ajagajígi eégun inú 'ji
Ajagajígi òòsà
Tí nbá ní jà lái y'ọwọ́
Ajagajígi òòsà...

Ou:

Oiá na cidade, Oiá na aldeia
Mulher suave como sol que se vai
Mulher revolta como vendaval
Levanta e chama o vendaval
Levanta e anda na chuva
Assim é a grande Oiá
Eparipá Oiá ô, hê-hê-hê
Firme no meio do vento
Firme no meio do fogo
Firme no meio do vendaval
Firme orixá
Bate sem mover as mãos
Firme orixá...

Que eu saiba, Olabiyi Yai foi o primeiro a falar em "intertextualidade" a propósito da poesia oral iorubá (odu ifá, ijalá, rará, ekum iaô, ofó, iwi egungum, oriki, etc.). Ele chegou aí através da meditação sobre alguns fenômenos lingüísticos encontráveis nessa poesia, como, por exemplo, o "efeito de descentramento" provocado pela introdução repentina de vocábulos ou versos em língua estrangeira (fon); o emprego da digressão como desvio/alargamento temático; ou a *perméabilité des genres*, detectada pela presença dos mesmos versos em "gêneros" poéticos diferentes, como o trecho de um oriki num texto ijalá (ou vice-versa?). A partir dessas verificações, Yai convocou Derrida-Kristeva para suas análises. E ele estava certo. A presença de palavras da língua fon no oriki iorubano fora assinalada já por Verger. Volta e meia, um poema iorubá navega digressivamente. E a *mélange* de gêneros é um fato indiscutível. Veja-se o caso do oriki. Já falamos da organização sintática do oriki em termos de justaposição de blocos verbais. Esses blocos ou unidades possuem a sua coerência interna e uma relativa autonomia para acoplamentos, coisa que vai se refletir no desempenho performático. O fato delas serem independentes, variavelmente acopláveis, desobriga o *performer* da submissão a uma ordem "x". Temos assim uma estrutura poética que, pelo próprio princípio de sua construção, permite o deslocamento ou o rearranjo de suas peças no ato concreto da performance. É por isso que unidades ou blocos de orikis podem ser submetidos a operações de *engate* (colocação em ordens diversas) e *engaste* (colocação em outros gêneros).

O conceito de "intertextualidade", em moda no ambiente pós-estruturalista, refere-se na verdade a um fenômeno conhecido, sinalizado por diversos críticos: um texto se faz pela assimilação/transformação de outros textos. O que os "pós-estruturalistas" fizeram foi explicitar e radicalizar a percepção dessa realidade. Eles dizem que o texto poético é um espaço cruzado incessantemente por outros textos (poéticos, míticos, históricos, etc.), construindo-se a si mesmo como um "mosaico de citações" (Kristeva). Nega-se assim o isolamento, a unidade e a autossuficiência do texto. Ou seja: um texto remete indefinidamente a outros textos e é justamente aí, nessa malha intertextual, que o seu significado pode ser apreendido. Mas se o conceito diz respeito à produção textual em seu conjunto, também é verdade que alguns campos dessa produção cultivam e/ou discutem a intertextualidade em plano programático ou paraprogramático, como acontece na esfera da poética barroca. Aqui, a intertextualidade não é apenas inevitável, mas procurada. O barroco é acintosamente intertextual. Assim como, embora de modo diverso, o oriki.

Se o oriki não escapa à fatalidade do dialogismo, à definição geral do texto como um lugar de convergência de códigos e mensagens, ele é ainda, como o barroco, um espaço onde se cultivam sistematicamente os jogos intertextuais. Deixando de lado seu relacionamento com textos de outras séries (míticos, históricos), para nos concentrar em sua articulação dialogal com textos poéticos, podemos falar, a seu respeito, de uma intertextualidade intramuros (nexos entre oriki e oriki) e de uma intertextualidade extramuros (nexos entre oriki e outros gêneros).

Intertextualidade intramuros. Comparando-se orikis de um mesmo orixá, vemos que atributos, emblemas e performances do deus passam de um texto a outro, mantendo a fisionomia lingüística. A cadeia sintagmática se desloca levando seus componentes. Mas, a cada novo engate textual, pode ocupar um lugar distinto. O que significa que não há uma ordem invariável na montagem dos blocos ou unidades (na verdade, um mesmo oriki pode não apresentar, em duas atualizações performáticas, a mesma ordem - ou até o mesmo elenco de blocos). Ocorrem, portanto, deslizamentos e subtrações. Um conjunto de orikis sugere, assim, uma espécie de jogo de armar. Tudo se passa num jogo de câmbios e intercâmbios. Como se houvesse, por assim dizer, *um proto-oriki jamais pronunciado, que funcionasse como uma matriz permutacional geradora dos orikis realmente existentes*. Dessa matriz abstrata, posso inclusive extrair, seguindo estritamente as regras do jogo, um pseudo-oriki.

Intertextualidade extramuros. Reproduzo o que escrevi em *Textos e Tribos*: "Um oriki, ou unidade de oriki, ou epíteto isolado, é engastado em textos pertencentes a outros gêneros... Mas aqui há uma outra observação a ser feita, de caráter mais geral, sobre a intertextualidade na poesia tradicional dos nagô-iorubá. É que todos esses textos apresentam 'similaridades óbvias', movendo-se numa cerrada rede de conexões intertextuais. E isto a ponto de parecer quase impossível tentar estabelecer uma classificação estrutural dos gêneros. O ensaio tipológico parece, ao menos à primeira vista, fadado ao fracasso (os semioticistas terão um bom campo de trabalho nessa floresta de sonâncias e dissonâncias). Karin Barber chega a se perguntar se o oriki é um gênero ou um material incorporado a gêneros diversos. Sua resposta: ambos [em texto mais recente, Karin se refere ao oriki como *master discourse*]. 'A literatura oral iorubá em geral aparece como um vasto estoque de materiais verbais - temas, fórmulas, estórias, idiomas poéticos - que podem passar através das permeáveis fronteiras de todos os gêneros e serem incorporadas a eles para preencher diferentes funções'. Oludare Olajubu advertiu que aí se encontrava o maior obstáculo para o estudante da poesia oral iorubana: a dificuldade em distinguir textualmente um gênero de outro. Temas comuns, fontes comuns, emprego dos mesmos padrões criativos, etc., fazem com que os gêneros se apresentem com um alto grau de indiferenciação [se é que realmente é cabível falar de "gêneros" em tal contextura textual]. Passando em revista os trabalhos de Ulli Beier e Adeboye Babalola ('...Yoruba traditional poetry in general is best classified not so much by the themes as by the stylistic devices employed in recitals'), Olajubu viu que os critérios para a distinção entre gêneros, aí propostos, diziam respeito a coisas como a propriedade do canto por parte de um determinado grupo (caçadores, devotos do culto dos ancestrais, etc.), a técnica de recitação, a atualização performática, etc. São, como se pode ver, critérios extratextuais. (... ... ...). Chamo a atenção para o fato somente para que o leitor tenha uma idéia aproximada do quanto são estreitas e intrincadas as relações intertextuais que caracterizam o espaço poético iorubano".

Mas vamos sublinhar uma diferença fundamental entre a intertextualidade barroca e a intertextualidade iorubana. Em relação à literatura ocidental, é possível falar de "textos fundadores". São textos que assumiram uma função matricial nos jogos intertextuais do Ocidente, como o texto petrarquiano, quase que onipresente no espaço do dialogismo quinhentista-seiscentista. Mas não há referência a um texto primordial, a "textos fundadores" de uma discursividade, na poesia tradicional iorubana; nem se acha aí uma figura autoral como a de Petrarca, passando para a Renascença o repertório clássico da poesia greco-latina e da lírica medieval. O texto barroco partia de um outro texto, mas este trazia uma assinatura. O oriki, ao contrário, não costuma aparecer como produto de um único *fabbro*. Regra geral, é criação coletiva. Tem vários "autores". Pode-se dizer o mesmo da *Odisséia*, mas o fato é que os gregos nomearam uma personagem para assiná-la. Não encontramos, entre os iorubanos, sequer esse recurso à ficção autoral. Assim é que, em campo ocidental, não se pensa em operação intertextual sem se pensar no expediente da citação. Um texto, devidamente identificado, implanta as suas marcas em outro. Tudo bem. Mas o que dizer do oriki? Sem texto fundador ou firma autoral, quem cita quem? Não há centro aqui. Não se pode falar, com propriedade, de citação. O que ocorre, em âmbito iorubá tradicional, é uma *rotatividade de unidades verbais numa textualidade descentrada*.

Com tantos procedimentos reiterativos – da estruturação rítmica ao incessante deslizamento intertextual –, o oriki não seria uma comarca da indiferenciação entrópica? Não. Reiteração implica redundância, mas não indiferenciação ou ausência de inovação. Podemos fazer aqui, como já fiz antes, uma comparação do oriki com a lírica occitânica. A poesia trovadoresca está cheia de elementos cristalizados. Mas essa codificação não abole sua riqueza. A invenção ocorre no âmbito de um conjunto de regras. É um exercício criativo nos limites de um código. Na lírica trovadoresca, diz Paul Zumthor, "a variação individual se situa no agenciamento de elementos expressivos herdados". É por isso que Pierre Bec pôde afirmar que a originalidade de um *troubadour* era um dado objetivo. Pode-se medi-la pela novidade com que o sujeito aciona um conjunto de tópicos e fórmulas preexistentes ao seu desempenho. Foi examinando essa estilística medieval de sintagmas fixos que Bec chegou a definir o trovadorismo como uma dialética entre os pólos da *fixité* e da *varieté*. Advirto que não há uma analogia rigorosa entre o caso nagô-iorubá e o caso occitânico. Sirvo-me da comparação apenas para acentuar que, como disse Bec, fixidez e variedade não são realidades mutuamente excludentes. Há uma dialética entre tais pólos na canção trovadoresca - assim como no oriki dos nagôs. E para a delícia de nosso paladar.

Oriki: ideograma, objeto sígnico construído via sintaxe de montagem, *assemblage* verbal fundada no princípio da parataxe.

Oriki: fanomelopéia intertextual.

O TRANSE HUMANO DOS DEUSES

É provável que uma pessoa sensível, encontrando por acaso um oriki, fique hipnotizada. Seduzida pelo brilho, o encanto ou o mistério do texto iorubano. Mas é também possível que essa mesma pessoa, a depender do oriki que lhe caia em mãos, ache-se perdida, desnorteada, sem ter noção do rumo para o qual aquelas mensagens verbais apontam. E que então se afaste, vencida pela carência de indicadores capazes de aclarar a fisionomia do mundo ali sugerido, como se aquele texto não passasse de um amontoado de signos desquitados, de frases e ditos díspares, que se aglutinaram por força de algum princípio obscuro, indecifrável. São extremos perfeitamente críveis.

Costuma-se dizer que, para que o ato comunicativo se realize em sua completude, é necessário que o receptor da mensagem tenha conhecimento do código em que ela foi produzida. Daí que a compreensão do campo poético dos orikis passe por um conhecimento, ainda que fragmentário e superficial, da cultura iorubana. Melhor dizendo, do sistema religioso que atravessa e semantiza toda a criação iorubá. Principalmente se, como é o nosso caso, o que há para ver são textos que tematizam deuses. Orikis de orixá. Mensagens sígnicas articuladas para compor "ideogramas" de divindades da Iorubalândia. Porque esse pensamento religioso constitui, sem tirar nem pôr, a dimensão simbólica da vida iorubana, presente no mínimo gesto e em cada passo do ser humano que nasceu no interior desse conjunto geocultural. O assunto é complexo, sem dúvida, mesmo que a pretensão aqui seja leve, limitando-se ao fornecimento de coordenadas de um quadro bastante esquemático da matéria, sem ousar ultrapassar os limites da generalidade. Referindo-se aos iorubanos, Basil Davidson escreveu que "poucos povos têm uma cosmogonia tão elaborada". E ele não está só nesse julgamento.

Esta não é, em todo caso, a única dificuldade. Há muitas outras. Em primeiro lugar, a realidade indiscutível de nossa própria ignorância. São praticamente incontáveis os estudos hoje existentes sobre a vida nos trópicos africanos. Estudos orientados pelos mais variados ângulos descritivos ou interpretativos – e abordando os mais diversos aspectos das múltiplas culturas continentais. Mas Dominique Zahan está certa quando afirma que, apesar de tudo, é preciso dizer que não há um só grupo étnico, em toda a África, acerca do qual possamos nos orgulhar de conhecer a totalidade dos produtos (artefatos e mentefatos) de sua cultura. Além disso, desses atos técnicos ou expressivos que ainda não foram alcançados pelos focos de luz da investigação, partam eles da arqueologia ou do mapeamento socioantropológico, há também aquelas coisas que conhecemos mas não compreendemos em toda a extensão dos seus significados. E coisas sobre as quais dispomos apenas de um elenco de hipóteses e de intuições mais – ou menos – brilhantes; mais – ou menos – verossímeis. Podemos pensar, por exemplo, que o sangue fascina os bambaras por ser um signo da força vital. Mas essa é uma interpretação psicológica – e nada nos garante que a teia de significados tecida em torno do sangue comece e termine aí. Não creio que os iorubanos devam ser excluídos desse rol de povos africanos a respeito dos quais o saber antropológico é incompleto. Apesar do respeitável e volumoso conjunto de trabalhos centrados em campo iorubá, na África e na diáspora, o mapa dessa cultura apresenta espaços lacunares, zonas de informação semiplena, leituras que se contradizem. Mesmo porque o sagrado e o segredo costumam andar juntos.

Um outro problema é que é pelo menos complicado falar de religião iorubá. A primeira tentação que nos vem é enfeitar o substantivo com aspas: "religião" iorubá. Afinal, o que é mesmo "religião"? Qualquer que seja a resposta dada a essa pergunta, o problema permanece, em se tratando de sociedades onde a esfera do religioso não adquiriu uma autonomia nítida em relação aos demais momentos e campos da vida social. Em sociedades tradicionais, o que chamamos "religião" pode não se deixar limitar, no seu sentido mais amplo e verdadeiro, por definições do tipo "é o espaço da relação do humano com a transcendência", por exemplo. Daí que a já citada Dominique Zahan considere que o conceito de religião, quando aplicado à África, seja algo confuso e enganador. Davidson não é de outro parecer: teme que a mentalidade ocidental promova cirurgias pouco adequadas, isolando fenômenos que se encontram entrelaçados, e assim mutile organismos culturais complexos. Para início de conversa, aliás, há o que Marcel Mauss chamou "silêncio inquietante da linguagem", ao verificar a ausência de um termo equivalente a "oração" nas línguas australianas. John S. Mbiti também se embatucou nesse ponto. Diz ele que, em muitas línguas africanas, inexiste um vocábulo para a religião como tal, muito embora a "religião" acompanhe tradicionalmente, em todos os momentos, a mulher e o homem africanos – na verdade, desde antes do seu nascimento até depois de sua morte.

A dificuldade para circunscrever o fenômeno religioso, em tais circunstâncias, é facilmente explicável. A religião, aqui, não é um departamento da vida. Não tem função ou vigência meramente setorial. Ao contrário, permeia todos os instantes e todas as instâncias da existência individual e coletiva. Graças a esse seu caráter invasivo (e pervasivo), torna-se praticamente impossível traçar um círculo demarcatório, capaz de a confinar ou isolar na contextura da existência comunitária. O universo é religioso. E o fato do ser humano se achar imerso numa ambiência sagrada dilui as linhas divisórias entre o reino da matéria e o domínio do espírito, tal como o Ocidente se habituou a concebê-los. "Onde o africano está, aí está sua religião", escreveu Mbiti. Para um africano, como para a comunidade da qual ele é parte, "viver é ser colhido num drama religioso". Daí que o estudo dos sistemas religiosos africanos seja, em última análise, o estudo dos povos que cultivam e praticam tais sistemas. A existência é, em globo, um fenômeno religioso. Ou, ainda nas palavras do teólogo Mbiti, o africano "é um ser profundamente religioso vivendo num universo religioso". Uma decorrência disso é a inexistência de gente irreligiosa na velha África. E aqui prossigo acompanhando a explanação de Mbiti. Na antiga África, ou na África pré-colonial, ser humano era, por definição, pertencer a uma comunidade, o que implicava o engajamento em crenças e ritos comunitários. Afastar-se da religião grupal significaria, para o indivíduo, cortar laços com seus afins e com a totalidade do grupo. Ou seja - com tudo o que conferia concretude, realidade, à existência individual. Afastar-se da religião era, portanto, situar-se fora do mundo.

Desse modo, um iorubano não falaria de sua "religião" - mas da *vida* iorubana. E logo nos defrontaríamos com os orixás. Pois, como bem diz Bolaji Idowu, a tônica, "the real keynote", da vida iorubana não está na nobreza ancestral, nem nos feitos passados dos heróis. "The keynote of their life is their religion. In all things, they are religious". A religião é assim o fundamento e a argamassa da vida grupal. Não é por acaso - observa Jack Goody - que ao nos referirmos a uma religião africana, tentamos não só esboçar as suas características distintivas, mas sobretudo a definimos como crenças e práticas de um grupo específico, territorialmente circunscrito. É assim que nos reportamos à religião achante, à religião bambara, à religião nagô-iorubá, etc. São formas étnicas de rotular, no dizer de Goody. As religiões alfabéticas, ao contrário, possuem fronteiras autônomas. Alterando a fórmula de Mbiti, ela está onde o Livro está. Goody completa: só depois da entrada em cena do proselitismo católico (e *katholikós* significa "universal") ou islâmico é que começou a ganhar forma a idéia de uma religião nagô-iorubá (ou achante, etc.) distinta do "conceito inclusivo" de modo de vida iorubano.

É evidente que, ao falar de religiões africanas de um modo geral, estamos pressupondo uma unidade subjacente a essa vasta gama de manifestações e sistemas religiosos. Uma unidade na diversidade, obviamente, como se aí existisse uma espécie qualquer de infra-estrutura ideoemocional. Essa é a opinião de alguns especialistas no assunto. Há quem afirme, claramente, que elementos comuns de crença tornam possível discutir os conceitos africanos de Deus "como uma unidade e numa escala continental" (Mbiti). Parrinder, aliás, já sublinhava a unidade dos conceitos espirituais africanos - embora tenha sido criticado por assimilá-los a uma visão cristã. E autores mais recentes consideram que a extrema diversidade dos grupos étnicos não deve se converter numa espécie de mosaico plurifaiscante que ofusque o observador, impedindo-o de vislumbrar a unidade fundamental que se encontra por trás dessas quase infindas variações de superfície. Para Zahan, por exemplo, as flexões e inflexões religiosas dizem menos respeito a um solo conceitual comum do que aos modos dissimilares através dos quais elas se expressam. A variação está vinculada não às idéias basilares, mas às ocupações, ao trabalho comunitário e ao meio ambiente em que cada grupo vive, na medida em que parte daquelas idéias ganha expressão concreta por meio de elementos presentes nesse ou naquele ecossistema. De fato, numa visão de conjunto das diversas configurações religiosas africanas, é realmente possível destacar alguns aspectos básicos partilhados genericamente: a relação com o meio ambiente; o vínculo religião-comunidade; a ausência de corpos doutrinários sistemáticos; a coexistência de monoteísmo e politeísmo; o antropocentrismo; o caráter pragmático da fé. Pode ser que esses traços não sejam comuns a todas as religiões africanas, mas certamente estão presentes no campo nagô-iorubá, que é o que nos interessa.

O vínculo religião-natureza, ou antes, a sacralização ambiental, gera uma série de traços típicos das religiões africanas. Movendo-se num universo religioso, os africanos possuem múltiplos templos e uma conduta religiosa multifária. O próprio iniciado na esfera do sagrado é, ele mesmo, um templo vivo do divino. Como são templos coisas como fontes, lagos, riachos, montanhas, árvores, bosques, colinas, grutas, rios. Tudo no ambiente - biótico ou abiótico - é passível de sacralização. A natureza não é vazia. Seus objetos e fenômenos estão carregados de significância religiosa. De vibrações especiais. "O homem dá vida mesmo quando objetos e fenômenos naturais não têm vida biológica. (...). O mundo invisível é simbolizado ou manifestado por esses visíveis e concretos fenômenos ou objetos da natureza", escreve Mbiti, trazendo-nos à lembrança o milesiano Tales ("tudo está cheio de deuses") e as "hierofanias" do *homo religiosus* de Mircea Eliade. Se Tales divisava almas no âmbar e no ímã, Eliade vai ver a história das religiões constituindo-se por uma acumulação de "hierofanias" (manifestações do sagrado - do grego, *hierós*, sagrado, e *phanerós*, visível, manifesto, ou *phanós*, claro, luminoso). "Trata-se sempre do mesmo ato misterioso: a manifestação de algo 'completamente diferente', de uma realidade que não pertence ao nosso mundo, em objetos que formam parte integrante de nosso mundo 'natural', 'profano'. (...). A pedra sagrada, a árvore sagrada não são adoradas enquanto tais; mas precisamente pelo fato de serem *hierofanias*, pelo fato de mostrar algo que já não é pedra nem árvore, sim o *sagrado*, o *ganz andere*" (Eliade). É curioso, em todo caso, sentir que não há lugar aqui para se falar em panteísmo. Pelo menos em âmbito nagô-iorubá. A sacralização iorubana da natureza não parece trazer consigo, como desdobramento lógico, a crença de que Deus é tudo e de que tudo é Deus.

Já o nexo religião-comunidade, religião-grupo étnico, encerrando a religião em sua ambiência étnica, exclui do horizonte das sociedades tradicionais, ao menos teoricamente, os problemas da conversão e do proselitismo. Não faria sentido algum, nesse contexto, um bambara se converter ao sistema religioso iorubano, ou um iorubá se converter ao sistema achante. Para usar a distinção de Goody, estamos tratando com religiões "de origem" e não com religiões "de conversão". O fenômeno da conversão seria inconcebível, na medida em que exigiria um rompimento radical com o grupo. Antes que se converter em alguma coisa, o indivíduo se transformaria num pária, produto esdrúxulo de uma ruptura cósmica. Quem nasce nuer, morre nuer – não "vira" iorubá. Daí também a inexistência de proselitismo. Do ponto de vista das sociedades tradicionais, não há sequer espaço mental para que se conceba tal projeto. Pensar em conquistar uma cidade para obter escravos ou cobrar tributos, sim. Mas pensar em preparar pregadores para dilatar o raio de alcance de uma fé equivaleria a pensar na propagação de um modo de vida, cujas raízes e configurações possuem implicações ancestrais e divinas. Uma "catequese" iorubá teria que começar no orum, no outro mundo. É por isso que as formas religiosas africanas não são "de conversão", como o catolicismo e o islamismo, que desconhecem distinções étnicas e fronteiras lingüísticas e territoriais. O que pode haver – e há, entre os iorubanos – é a política do mito. Uma região conquistada pode ter os seus mitos submetidos a processos de reelaboração, ou subvertida a hierarquia de seu panteão, em função dos propósitos do dominador. A ordenação do sistema religioso iorubano, tal como hoje o conhecemos, é basicamente um produto do imperialismo de Oió.

Em contrapartida, esse complexo móvel a que chamamos religião nagô-iorubá apresenta uma abertura maior – no sentido da flexibilidade, da capacidade de absorção de práticas, idéias e deuses – do que as religiões alfabéticas ou "de conversão", regidas pela imutabilidade da escrita. Dito de outro modo, as religiões africanas tradicionais podem ser extáticas, mas não são estáticas. Jack Goody viu bem: "A flexibilidade é, pois, uma característica das crenças e práticas religiosas africanas, tornando-as abertas a mudanças internas bem como a importações externas". Diversamente, "nas igrejas letradas, o dogma e o serviço são rígidos..., o credo é recitado palavra por palavra, as Tábuas do Senhor aprendidas de cor, o ritual repetido textualmente. Se tem lugar uma mudança, ela toma com freqüência a forma de um movimento de cisão (...); o processo é deliberadamente reformista, revolucionário mesmo, ao contrário do processo de incorporação que tende a marcar a situação oral". Radicalizando a argumentação, é o Livro Sagrado que instaura a *religião* tal como a conhecemos, destacável desse ou daquele território ou modo de vida. A idéia moderna de que o texto é mutável não passa de uma inversão. As leituras é que são variáveis. Interpretações oscilam em suas ênfases e em seus matizes. O texto, não: cada signo gráfico é um pequeno sol imóvel, paralisado no deserto claro da página. A ausência de um corpo doutrinário sistemático, de um credo fixado definitivamente pela escrita, é fundamental. Mbiti insiste nesse ponto. Nota que as crenças africanas não se acham formalizadas em conjuntos sistemáticos de dogmas, que as pessoas devessem aceitar, a fim de obter o reconhecimento de seus estatutos de *credenti*. As pessoas simplesmente vão assimilando idéias e práticas religiosas observadas no círculo familiar ou no circuito comunitário. E há uma certa margem de variação nesses princípios e práticas. Mitos e ritos não se reproduzem de modo exatamente igual de uma região a outra. Mas essas variações não são vistas como anomalias, como iniciativas voluntárias e conscientes, direcionadas para a constituição de dissidências. Não reina aqui a postura cismática; o sentimento nítido de estar contrariando uma ortodoxia. As coisas variam assim como é variável a composição e o cromatismo de dois espécimes de uma mesma árvore.

A ausência de escrituras sagradas implica, portanto, a inexistência de uniformidade total em torno de todos os aspectos de um mito ou de um rito. As vetustas religiões da África não só não são proprietárias do Livro (do grego *bíblos, biblíon*), como também não possuem, como lembra Zahan, sumas teológicas. Não são religiões escriturais. A transmissão do mito, da doutrina e do ritual segue por outras e muitas vias. Para dar um exemplo extremo – radicalmente distinto do emprego da palavra nos credos alfabéticos –, veja-se essa verdadeira situação-limite que é a transmissão do conhecimento iniciático no sistema nagô-iorubá. A palavra que leva o saber tem que ser dita por uma pessoa a outra. É rigorosamente interpessoal. E sua emissão é acompanhada por movimentos corporais. A palavra tem que ser proferida com o corpo, a respiração, o hálito, a saliva, a temperatura – "é a palavra soprada, vivida, acompanhada das modulações, da carga emocional, da história pessoal e do poder daquele que a profere", ensina Juana Elbein. Caso contrário, será apenas palavra, signo convencional, incapaz de veicular axé, a força que, ainda no dizer de Elbein, "assegura a existência dinâmica", permitindo o acontecer e o devir.

Quanto às relações entre monoteísmo e politeísmo, o complexo nagô-iorubá pode tornar a surpreender os desavisados. Temos que deixar de lado os que vêem no monoteísmo um passo adiante no processo evolutivo das idéias religiosas – ou os que, inversamente, acham que a multiplicação dos deuses representa um avanço sobre a concepção do deus único. Monoteísmo e politeísmo não são avaliados, no espaço iorubano, em termos antitéticos. Ocorre justamente o contrário, conjunção do um e dos muitos. Na curiosa comparação de Basil Davidson, o deus supremo "podia ser o remoto cientista teórico que compreendia e controlava as operações totais do universo, mas os deuses menores e os espíritos eram os técnicos do dia-a-dia que mantinham o mundo em movimento". Davidson está se referindo às concepções clássicas africanas em geral. Mbiti confirma. Os africanos são, genérica e simultaneamente, monoteístas e politeístas, embaralhando os graus das hierarquias evolucionárias do pensamento religioso da humanidade. E a fusão é imediatamente detectável na Iorubalândia, de Olodumarê aos orixás. Tudo isso nos leva para longe da cultura judaico-cristã. E para mais longe ainda, quando assinalamos o fato de que a formação religiosa nagô-iorubá nada tem de "salvacionista". Não se fala que depois da morte poderá haver uma vida melhor. Nada de paraíso, inferno, milênio, expectativa messiânica, apocalipse. Vida futura? "Viver aqui e agora é a mais importante preocupação das atividades e das crenças religiosas africanas", responde Mbiti. Africanos antigos nunca viveram *ad majorem Dei gloriam*. E aqui podemos ressaltar uma tríade que parece marcar fundamento o pensamento religioso clássico da África: antropocentrismo, geocentrismo, pragmatismo.

Mbiti fala que, para compreendermos as religiões africanas, é preciso compreender a ontologia africana – uma ontologia "extremamente antropocêntrica", onde tudo é visto a partir de suas relações com o ser humano. Deus é a origem e o sustento do homem; espíritos explicam o destino do homem; animais, plantas, objetos e fenômenos naturais constituem o ambiente no qual o homem vive, do qual sobrevive e com o qual pode estabelecer conexões místicas. O ser humano está numa posição-chave em relação a tudo o mais: "it is as if God exists for the sake of man". Dominique Zahan não é menos categórica: o ser humano é o elemento central de um sistema ao qual ele mesmo impõe uma orientação centrípeta. A idéia de uma finalidade exterior à humanidade é completamente estranha a esse pensamento. "O homem não foi feito para Deus ou para o universo; ele existe para ele mesmo e carrega dentro de si mesmo a justificativa de sua existência". O africano não só afirma a sua superioridade frente a todas as coisas que existem – mesmo quando venera a divindade, "não é para a glória de Deus e sim para o seu próprio desenvolvimento pessoal" que atua. A extensão estelar e todas as distâncias divinas só são pensadas e só adquirem peso na medida em que representem algo para a humanidade.

Na verdade, as coisas parecem ser ainda mais radicais. "Ibití enià kò sí, kò sí imalẹ̀", ensina um antigo dito iorubano, registrado por Idowu: "onde não há ser humano, não há divindade". Sim: os deuses são, em última análise, uma criação humana. Karin Barber abordou diretamente a questão. "O conceito de que os deuses são criados pelos homens e não os homens pelos deuses é um truísmo sociológico. Pertence obviamente a uma tradição distanciada e crítica, incompatível com a fé naqueles deuses. No entanto, a religião tradicional iorubá apresenta uma concepção muito semelhante que, longe de indicar ceticismo ou declínio de crença, parece constituir um impulso vigoroso em direção à devoção", escreve Barber. Os iorubanos criam um segredo, investem uma entidade de poder, alimentam tal poder e glorificam tal entidade, beneficiando-se então da grandeza que forjaram... Passam a depender desse poder – mas, em contrapartida, esse mesmo poder também depende deles. Ainda Barber: "...no pensamento tradicional iorubá, o poder e o esplendor de um orixá depende de ele ter numerosos devotos atenciosos (e ricos) que glorifiquem seu nome. Um orixá sem devotos é reduzido à insignificância, no que diz respeito a uma comunidade humana". A relação entre o ser humano e seu deus deve ser vista, portanto, e fundamentalmente, em termos de *reciprocidade*. Há um laço pessoal entre ambos. "O envolvimento pessoal e íntimo do devoto com o orixá é mútuo. O orixá possui o devoto, mas também o devoto, num sentido diferente, 'possui' o orixá" (Barber). A estudiosa frisa, ainda, que a concepção de que os humanos criam (constróem/alimentam) os deuses não é, na África, monopólio dos iorubás. Apresenta-se também em outras culturas. Há um provérbio calabari que é categórico a esse respeito: "são os homens que tornam os deuses importantes".

Enfim, quando o que está em foco é a África, podemos dizer que, no sistema solar da religião, o ser humano é o sol. Tudo brilha e rebrilha ao seu redor. E o domínio do humano é a Terra. No começo, aliás, os deuses viviam entre os homens. Uma concepção que, de resto, não é propriedade dos iorubanos. Vamos encontrar essa imagem de uma "idade de ouro" entre muitos povos africanos, como os dinkas do sul do Sudão, os baniaruandas, os achantes, os acãs de Gana, etc. Fora da África, a convicção na realidade dessa remota convivência de mortais e imortais pode ser descoberta tanto entre os gregos antigos quanto entre os arawetés da Amazônia. É interessante ainda notar como, em muitas culturas, a mulher é apontada como responsável pelo fim da *âge d'or* – como agente, voluntária ou involuntária, do divórcio cósmico. Mas é bem verdade que não carregam a culpa sozinhas. Outras criações mitopoéticas narram outros motivos para a disjunção. Em alguns casos, Deus abandonou a humanidade por conta de uma proibição divina desobedecida (como entre os bambutis, proibidos de comer o fruto da árvore *tahu*); em outros, o afastamento divino se deu em função da fumaça das fogueiras acesas pelo homem; ou ainda porque uma hiena roeu a corda que atava o céu à terra. Em resumo, Deus se retira do convívio humano por diversas causas, que vão do simplesmente acidental à desobediência premeditada. E a separação é sempre desvantajosa para nós. Com o distanciamento divino, o ser humano perde a placidez eterna, a felicidade original, o dom do rejuvenescimento, a capacidade de ressuscitar. A alimentação escasseia, aparecem as doenças, a velhice se impõe. Mas o mais intrigante é que não há mitos que falem de um retorno da *golden age* num futuro distante. As línguas africanas sequer possuem, segundo os eruditos, palavras para designar um futuro distante. A perda é irreversível. Um *fait accompli*. Mas que não conduz à elaboração de mensagens redentoras. Ao menos nesse particular, os africanos parecem não dar importância ao que aconteceu *in illo tempore*. Como também não se acham à espera de um mundo-que-virá, reinstaurando a vivência paradisíaca. O que passou, passou.

Num oriki de Oiá-Iansã, aprendemos: "egúngún l'ode ọ̀run, oòṣa l'ode àiyé". Aparecem aí os conceitos fundamentais de "orum" e "aiê". E vemos que Iansã, único orixá capaz de encarar e dominar os mortos, está presente no orum tanto quanto no aiê. Circula no espaço dos deuses e dos ancestrais e no espaço dos humanos, das coisas concretas e perecíveis. O aiê, na definição de Pierre Verger, é "o período de vida, o mundo, o aqui, o concreto". Já o orum é o além, o infinito, o outro mundo, o mundo invisível, o espaço sobrenatural. "Trata-se de uma concepção abstrata de algo imenso, infinito e distante. É uma vastidão ilimitada – *ode ọ̀run* – habitada pelos *ara-ọ̀run*... seres ou entidades sobrenaturais... O ọ̀run é um mundo paralelo ao mundo real com todos os conteúdos deste. Cada indivíduo, cada árvore, cada animal, cada cidade, etc., possui um duplo espiritual e abstrato no ọ̀run. (...). Ou, ao contrário, tudo o que existe no ọ̀run tem sua ou suas representações materiais no *àiyé*", explica Elbein. Em tempos longínquos, conforme relatam os mitos, tanto os orixás habitavam o que hoje é o aiê como os humanos podiam ir ao (e voltar do) orum. Mas houve o corte drástico. Entre as narrativas míticas construídas para explicá-lo, encontramos, por exemplo, aquela que diz que a separação se deu quando um humano tocou o orum com mãos sujas. Esse gesto despertou a ira de Olorum, que, com o seu hálito divino, criou a atmosfera divisória, o céu, e assim separou a existência em dois planos.

Apesar da separação, orixás continuam intervindo sem cessar no aiê. São deuses insuperavelmente ativos. Olodumarê à parte, orixás não são ociosos. Entre os iorubanos, como entre os gregos, inexistem divindades desocupadas. Aliás, se quisermos distinguir, como os românticos, entre dois tipos principais de mitologia, a "realista" e a "idealista", colocando em cada extremo a mitologia grega e a indiana, respectivamente, veremos que a mitologia iorubá, com a sua densidade sensível e os seus vínculos terrestres, está bem próxima do que se produziu na Grécia e bem distante do que se criou na Índia. É uma espécie mitológica que não se desprende do corpóreo, do material, do comércio com os mortais. Nada tem de descarnada ou de radicalmente supra-sensível. Os deuses iorubanos estão engajados até a medula na trama da vida humana. Deles podemos dizer o que já se disse dos deuses gregos: são deuses comprometidos com o terrestre. E a comparação pode ser detalhada. Também os *athanatoi* iorubanos têm o corpo vulnerável a ferimentos, preocupam-se com nonadas, estão sujeitos ao desejo, à cólera, à inveja, ao ciúme, etc., de modo que é mesmo possível falar de uma vida passional tanto entre os habitantes do Olimpo quanto entre os integrantes do panteão nagô-iorubá. E assim como os olímpicos descem de sua morada altíssima para interferir no cotidiano humano, também os orixás se imiscuem com freqüência nos assuntos terrestres.

As relações entre os orixás e o aiê são múltiplas e intensas. A Terra é um teatro para as proezas dos deuses. E esses deuses temperamentais, de vida tumultuosa, realizam gestos e operações tipicamente humanos. Experimentam sentimentos vivos, jogam com a sorte, vão ao mercado, acasalam-se e se reproduzem, intrometem-se em querelas terrestres, contraem dívidas, são vaidosos, freqüentam festas, cometem adultério, etc. Negam, enfim, que a paixão e a dor sejam apanágio dos mortais. Penso, na verdade, que os orixás estão ainda mais próximos dos iorubanos do que os olímpicos estiveram dos gregos. Afinal, os olímpicos falam um idioma próprio (não se sabe como Homero conseguiu traduzir) e não se alimentam como os gregos. Sua dieta é distinta – e seu sangue, especial (em vez do *háima* que flui em veias mortais, o *ikhôr*). Também a mitologia iorubana apresenta um conjunto de regras alimentares. Cada orixá tem um regime dietético próprio. Mas os ingredientes da chamada "comida de santo", como se diz no Brasil, não são estranhos à mesa humana. Não há uma culinária apartada, comida ou bebida privativa dos deuses. Nem, que eu saiba, dialeto divino. Como se não bastasse, é comum que um deus seja visto, na cultura iorubana, como um ancestral divinizado. São, por exemplo, os casos de Ogum, o deus de muitas faces, e de Xangô, a fera faiscante. "Ogum, como personagem histórico, teria sido o filho mais velho de *Odùdùa*, o fundador de Ifé. Era um temível guerreiro que brigava sem cessar com os reinos vizinhos. Guerreou contra a cidade de Ará e a destruiu. Saqueou muitos outros Estados e apossou-se da cidade de Irê, matou o rei, aí instalou seu próprio filho no trono e regressou glorioso, usando ele mesmo o título de *Oníìre*, Rei de Irê", reconta Verger. O viril e justiceiro Xangô, filho de Oranian e neto de Ogum (tomou, aliás, a mulher do avô), é outro ancestral divinizado. No circuito do desempenho histórico, diz-se que ele teria sido alafim (rei) de Oió. Reza a lenda que certo dia, tomado pela mais funda tristeza, depois de ter destruído o seu palácio e as suas riquezas, ele bateu os pés no chão com uma violência nunca vista – e se afundou terra adentro, convertendo-se em orixá. Oiá Iansã acompanhou o deus na jornada. E duas das suas outras mulheres, a doce Oxum e a corajosa Obá, transformaram-se em rios.

 Contrariamente ao que possa parecer, a percepção dessas relações greco-nagôs não constitui novidade alguma. É lugar-comum – e tem até seus críticos ideológicos. Tanto estudiosos da cultura helênica quanto os da cultura iorubá já vêm indicando há tempos afinidades que aproximam os jardins politeístas da Grécia e da África. Harold Courlander, por exemplo, considera óbvio o paralelo entre mitos gregos e iorubanos, observando que olímpicos e orixás encontram-se igualmente enfronhados em assuntos e negócios humanos. "Eles são receptivos a apelos para intervir na vida humana; suas virtudes ou vaidades são atributos humanos elevados a uma estatura divina; e eles podem ser falíveis, arbitrários ou extravagantes em suas atitudes e ações". De outra parte, Marcel Detienne, ao falar da Grécia como uma sociedade rica em deuses ("politeísmo" vem do grego, *polytheos*), lembra que isso a torna comparável (entre outras) "às civilizações da África negra, ao Mali, ao Senegal, ao Daomé". O paralelo é grifado até mesmo em termos preconceituosos, quando falam aqueles que julgam que tais parentescos desnudam faces negativas, ou ao menos excessivamente primárias, do universo grego. "Todos nós possuímos tal familiaridade com as figuras da mitologia grega, e temos tanta predisposição para aceitá-las em nossa consciência poética, que normalmente não notamos seu caráter absolutamente bárbaro", escreveu Johan Huizinga, ajuntando que, graças ao comportamento "desordenado e depravado" das divindades helênicas e édicas, "não há muito a escolher entre Hermes, Thor e qualquer deus da África Central". Nem era por outro motivo que o anglicano T. S. Eliot achava a Roma de Virgílio "mais civilizada" do que a Grécia de Homero – e Stephen Spender acertou em cheio ao dizer que Grécia arcaica e África negra significavam, para Eliot, o *horror*. Do mesmo modo, E. R. Dodds, referindo-se ao velho sentimento grego de "uma dependência constante e cotidiana do sobrenatural", tão forte na *Ilíada* e na *Odisséia*, vai se lembrar de sociedades africanas, perguntando-se acerca dos motivos que fizeram com que "um povo tão civilizado, lúcido e racional" não tivesse eliminado, de seus poemas épicos, esses vínculos com "um passado primitivo".

Os pontos de contato são muitos. Interessante é que, ao tratar de realçar a singularidade da mitologia grega, Detienne confronte olímpicos com orixás e voduns, mas apenas para revelar sua ignorância sobre os últimos. Ao contrário do que pensa Detienne, não só os olímpicos, mas também os orixás, "não são coisas, matéria mais ou menos individualizada por manipulações e por sangue morno, alimentador da materialidade-deus". Essa é uma visão errônea, presa da fantasia "animista" de Tylor. O que temos na realidade é coisa diferente. Orixás são, como olímpicos, "deuses muitíssimos individualizados". Conheço Xangô: seus cantos, seu ritmo, suas cores, sua dieta alimentar, suas mulheres, seus olhos de fogo, seu *ethos*, sua voracidade sexual, o poder de sua fúria, os cabelos caprichosamente trançados que coroam sua cabeça. Sei dos seios volumosos e dos pentelhos crespos de Iemanjá. Da astúcia, do amor pela novidade e do corpo esguio de Oxóssi, o caçador de toda luz. De como o ijebu Erinlê se transmudou em orixá (e aqui os nagôs se distinguem dos gregos, com suas relativamente corriqueiras transfigurações de homens em deuses). Da beleza de Oxum, senhora da brisa fria e da água fresca. Da orelha cortada de Obá, *ojòwú orìṣà*, orixá do ciúme. Dos músculos firmes, elásticos e reluzentes de Ogum. Do corpo arqueado de Oxalufã, o velho sábio, apoiando-se no seu cajado de prata. Já cantei e bati palmas para esses deuses em inúmeras festas de candomblé; ouvi e repeti relatos de suas façanhas, aprendendo a conhecer o desenho básico de suas personalidades e mesmo algumas das suas idiossincrasias. O que não quer dizer, por outro lado, que não existam grandes diferenças entre olímpicos e orixás. Entre a Ática e a África. Tanto podemos aproximar Hefesto e Ogum, ferreiros divinos, ou Hermes e Exu, mensageiros itifálicos, quanto podemos apartá-los.

Nem mesmo o transe, a possessão, era estranho à antiga cultura grega. Em Delfos, usando o corpo e os órgãos vocais da pítia, Apolo falava na primeira pessoa. Os gregos diziam então que a pítia tornara-se *entheos*, o que significava que o deus da loucura profética (sabe-se lá porque Nietzsche foi identificá-lo com o "racional") estava dentro dela. Por sua vez, a religião iorubana é uma religião do "entusiasmo", no sentido original da expressão, *enthusiasmós* – religião da posse do "elegum" ("cavalo") pelo orixá. O corpo do iniciado é aqui um altar para a descida e o domínio do deus. Mas a semelhança que mais sobressai, como já indiquei antes, diz respeito à "humanidade" das criações de ambos os sistemas mitológicos. Olímpicos e orixás são deuses "ativistas", o avesso mesmo dos deuses imaginados pelo epicurismo. E o que Giulia Sissa disse dos olímpicos, vale também para os orixás: "nada de humano lhes é estranho". Não há lugar aqui para a apatia, *apátheia*, ausência de paixões. Estão todos sujeitos ao turbilhonante império do desejo. O oposto dessa vida divina marcada pelo prazer e pela paixão pode ser achado, em sua manifestação mais seca, no calvinismo. Aqui se cristalizou, em sua extrema aridez, uma visão integralmente antagônica ao mundo mágico e às culturas sensuais. Nada mais distante da secura puritana do que os deuses homéricos e os orixás da Nigéria e do Daomé. Não foi por acaso que, apesar de mais rico e sofisticado que o calvinismo, mesmo o mais remoto puritanismo grego, nascido de uma espécie de divinização do *ápeiron* de Anaximandro, acabou concluindo, pelo olho enviesado de Xenófanes, que o imaginário arcaico dos poetas homéricos tinha que ser atacado e destruído. Caso tivesse passado por Oió ou Ketu, o poeta-filósofo de Cólofon teria disparado suas armas contra os orixás.

A essa altura, gostaria de assinalar um contraste fundamental entre o pensamento greco-nagô (e a palavra composta admitiria várias substituições) e o paradigma judaico-cristão que, de acordo com Jacob Pandian, forneceu a base epistemológica da antropologia moderna. Pandian lembra que os deuses gregos expressavam a existência da diversidade e da contradição – "representavam e legitimavam a complexidade da condição humana". O mesmo pode ser dito da religião nagô-iorubá, em cujo elenco de deuses vamos encontrar figurações tão dessemelhantes entre si quanto Oxalá e Exu. E nem os gregos nem os iorubanos projetavam suas religiões numa dimensão universal. A religião grega era dos gregos, como a religião iorubá era dos iorubanos. Mas embora esses sistemas religiosos fossem particulares, específicos de um grupo, eles abarcavam, no conjunto representacional formado por suas divindades, todo um arco de contradições, anomalias e paradoxos passíveis de serem encontrados no extenso e multifacetado leque das possibilidades humanas.

A orientação judaico-cristã introduziu no Ocidente uma outra estrutura intelectual – "a different structure of meaning", nas palavras de Pandian. Foi um golpe duplo. De uma parte, o paradigma judaico-cristão, ao contrário do caráter regionalizado ou grupo-específico dos sistemas grego e iorubá, colocou-se em termos universais. Pan-humanos. De outra parte, ainda contrariando gregos e nagôs, promoveu um expurgo. Em vez da representação divina incorporar a multiplicidade característica da alta complexidade da experiência humana, a orientação judaico-cristã estabeleceu uma representação "absolutista" (Pandian) do divino, definindo o ser supremo como a encarnação da perfeição (racional e assexuada) e assim expelindo para o espaço do não-divino (o inferno, o outro) tudo o que não correspondesse a esse ideal restrito. Logo, a representação judaico-cristã não pode dar conta da variedade da vida humana, com todos os seus vícios e virtudes, suas ambigüidades e extravagâncias. O divino judaico-cristão conceitua/reflete apenas uma faixa da experiência humana. O resto é depositado na conta do Mal. Surge assim uma divisão entre o *self* verdadeiro (portador de todos os atributos considerados positivos aos olhos de Deus) e o *untrue self*, "conceitualizado com referência a Satã ou ao alienígena, características más de povos não-cristãos". É um paradoxo: um paradigma que se apresenta ao mesmo tempo como pan-humano e maniqueísta; que quer abraçar todo o humano, mas abolindo do humano boa parte do humano. Ainda Pandian: "Da rica cafeteria da vida, o Ocidente, principiando com o estabelecimento da cristandade como uma ordem político-religiosa, escolheu uma rígida dieta de bondade".

Essa diferença basilar entre o judeo-cristianismo e a representação nagô-iorubá pode ser sublinhada com nitidez se pensarmos num deus como Ogum, que deve ser apreciado na galeria mítica dos heróis culturais da humanidade. Ogum é deus de uma tecnologia – a tecnologia do ferro. Isto significa que a fixação de sua fisionomia definitiva não terá sido anterior ao surgimento da metalurgia no continente africano. Sandra T. Barnes acredita que a configuração chamada Ogum está enraizada num conjunto panafricano de idéias que acompanharam a disseminação da tecnologia do fabrico do ferro. Ogum, o Metalúrgico. Barnes agrupa essas idéias sob o título "sacred iron complex": o ferro é sagrado; os ferreiros são membros excepcionais da sociedade; os locais onde se trabalha o metal são santuários, servindo de refúgios a guerreiros e párias. (São idéias difundidas; e, no caso dos párias, devemos lembrar que Ogum, o leão da floresta fechada, às vezes assoma como a encarnação da personalidade solitária, anti-social, embora outras vezes esteja no centro mesmo da ordem.) A figura de Ogum teria se formado então a partir de uma massa de noções comuns sobre a potência sagrada do ferro e a aura de poder que cercava os fabricantes do metal mágico. Era natural. Nada mais lógico que, inaugurando uma nova era na aventura humana, a Idade do Ferro provocasse uma ebulição no imaginário, aquecendo-o ao rubro. Ferreiros divinos (v. Eliade) brotaram em muitos pontos do planeta. Daí que seja necessário definir mais precisamente em que consiste o complexo chamado Ogum. Como outros orixás, Ogum é uma *assemblage* conceitual montada ao longo dos séculos. Digamos, recorrendo à terminologia musical, que cada orixá se desenha como um *tema*. Define-se pela recorrência e pelo desenvolvimento de um determinado grupo de "notas". Ogum é um "domínio" de idéias associadas. Além disso, os deuses são também históricos. Estão sujeitos a processos de reelaboração, justaposição, subtração e síntese. Dito isso, vejamos como o orixá destoa da univocidade da representação judaico-cristã do divino.

A característica central de Ogum é a ambivalência. A incorporação simultânea dos extremos tensos da criação e da destruição, presentes no próprio ferro. Ogum é aquele que protege e mata. O fundador e o destruidor de cidades – deus ao mesmo tempo flamejante e gélido. Não raro, um extremo se desdobra no outro. E então Ogum é o justiceiro que, no seu afã de fazer justiça, comete atrocidades. Adeboye Babalola nos mostrou como essa natureza do deus se reflete na própria estrutura do canto *ìjálá*, gênero poético-musical também conhecido como *aré Ògún*, "divertimento de Ogum". Babalola chama a nossa atenção para a alternância de afirmações contrárias que caracteriza a textualidade ijálá. Numa linha, Ogum é o benfeitor. Noutra, é Ogum destruidor, ensopado de sangue. E o importante é que passamos de uma linha a outra sem "degradê". Sentenças contrárias são acopladas sem mediações, como se o caráter do orixá se inscrevesse estruturalmente nos cantos compostos em sua homenagem. Aqui é o deus que abre estrada e ajuda seus filhos; ali, irrompe o degolador que estraçalha o que há pela frente. Sobre esse aspecto da violência divina veja-se o seguinte trecho de uma peça ijálá, registrada por Babalọla, onde traduzi a expressão iorubana "a pàdé Ògún" (encontro Ogum) por "acho Ogum", numa alusão sonora a *aṣògún* (no Brasil, axogum), o sacerdote da faca, adorador do Senhor do Ferro:

        acho Ogum na briga
        acho Ogum na grita
        acho Ogum em sangue

Henry John Drewal informa, aliás, que Ogum é conhecido como Ògún onígboyà - Ogum, o Bravo. Acrescenta o estudioso: "o modo de operação de Ogum não implica conotações morais". A ação levada a efeito é positiva ou negativa de acordo com a avaliação do seu contexto, não com base numa definição apriorística de bem e mal. Em seu desempenho mais perigoso, Ogum se precipita em violência, vingança, fúria cega, banho de sangue. A-mọ̀-kúkú l'ẹ̀jẹ̀ - "the one who is steeped in blood"; o embebido em sangue.

"Dia de Ogum/dia de desastre na terra." Apesar disso, Ogum funciona como árbitro das ações humanas. "Em seus melhores momentos é firme, reto e sobretudo honesto. Ele é direto e franco em seus atos e exige a mesma conduta de seus seguidores. A veracidade é uma das qualidades de Ogum. Mais do que qualquer outra coisa, ele odeia ladrões e mentirosos, aqueles que os iorubanos descrevem como andando em ziguezague. Assim é que, nas cortes da Nigéria contemporânea, os adoradores de Orixá fazem seu juramento colocando os lábios numa peça de metal e invocando o nome de Ogum." Ogum facilita também o intercâmbio entre os humanos e as forças sobrenaturais. Está envolvido, ainda, com a procriação. Conclui Drewal: "A divindade, infame por derramamento de sangue, violência e destruição, é ao mesmo tempo famosa por domar a natureza, sustentar a cultura e a adoração dos deuses, e por facilitar o próprio ato da criação". Essa é a parelha fundamental - criação/destruição. Tais "qualidades são colocadas juntas como duas partes de uma equação: destruidor = criador, ou o obverso, criador = destruidor", escreve Barnes. Uma tensão infinda é mantida entre esses pólos, faces de uma unidade que não deve ser partida em opostos. Para Barnes, Ogum é a metáfora de que nós criamos os meios de nossa própria destruição. "Responde pelas tentativas coletivas humanas de governar não o que está fora de controle na natureza, mas o que está fora de controle na cultura. Representa não tanto o que é inexplicável, não visto ou desconhecido, quanto o que é conhecido mas não está sob controle. Ele é o reconhecimento simbólico das limitações humanas", diz a antropóloga. Mas para completar afirmando que Ogum também representa os triunfos humanos sobre essas limitações. "Ogum ensinou os homens a usar fogo, fazer ferro, construir cidades, centralizar o governo, conquistar vizinhos e criar impérios. A cada passo do caminho, nesse modelo popular da mudança social, Ogum é a representação metafórica de uma transformação realizada pelo esforço humano."

Vamos nos aproximar finalmente de outras duas características que parecem vincar fundamente o pensamento religioso africano clássico, onde se situa a vertente nagô-iorubá: o geocentrismo e o pragmatismo. Recorro, mais uma vez, ao teólogo Mbiti. Ele enfatiza as características supracitadas. Afirma que a alma africana não espera por uma redenção espiritual ou por um contato mais íntimo com Deus no outro mundo. O que está em primeiríssimo lugar é a vida presente no mundo presente. E os atos de adoração aos deuses são sobretudo pragmáticos. "Essa fé é utilitária, não puramente espiritual, é prática e não mística. O povo responde a Deus em - e por causa de - circunstâncias particulares, especialmente em tempos de necessidade. Então eles buscam obter o que Ele dá, seja algo material ou espiritual. Eles não O procuram como a recompensa ou a satisfação final da alma ou do espírito humano. A descrição de Agostinho acerca da alma humana incansável, até finalmente encontrar seu repouso em Deus, é algo desconhecido na vida religiosa tradicional dos africanos." O que importa é não adoecer; é ter muitos filhos (a esterilidade, entre os iorubanos, é um estigma pesado); são os bons resultados da caçada; é a beleza e a riqueza; é que a chuva caia fertilizando os campos; é a vitória. Ainda nas palavras de Mbiti, o que ressalta é a concentração das religiões africanas em *earthly matters* - assuntos mundanos, cotidianos, terrestres -, com o homem plantado no cerne mesmo de cada complexo religioso.

Mas não é só isso. As religiões africanas, como a iorubá, não estão somente voltadas para temas terráqueos. É a própria superfície terrestre que aparece como o palco por excelência para as ações dos deuses. Coisas fundamentais ocorrem no órum, é claro, mas é na Terra que os deuses têm o seu dia-a-dia. "The African is above all a stubborn earth-dweller", comenta Dominique Zahan. E Paul Radin completa: raras vezes o homem terá sido retratado como um ser tão completamente ancorado neste mundo; tão compulsivamente preso à Terra. Na visão de Radin, a disposição tradicional do homem africano contraria uma crença bastante difundida – a de que o ser humano um dia possuiu, e depois perdeu, uma porção ou centelha do divino. "Mesmo nos poucos mitos que lidam com as chamadas... entidades sobrenaturais, detecta-se um geocentrismo quase obsessivo." De fato, embora eu não conte com qualquer amplo levantamento estatístico da matéria, não posso evitar a forte impressão de que a Terra, a morada do ser humano, é o elemento que domina o *corpus* mitopoético tecido e entretecido nos quatro cantos da África. Na Iorubalândia, sem dúvida, quase tudo se passa em seu espaço. É aqui que Exu incendeia a savana, Iemanjá destrói pontes, Oxum coleciona jóias, Oiá dança com seu corpo de fogo, Oxóssi caça, Xangô luta.

Em resumo, é isso. Podemos definir a religião nagô-iorubá, em termos gerais, como um complexo religioso ecológico, antropocêntrico, geocentrista e pragmático. Como Roland Hallgren colocou no título de seu livro, trata-se de uma cultura religiosa voltada para as "good things in life". As coisas boas *na* vida.

TRANSCRIANDO ORIKIS

> A tradução muda o caráter de uma obra
> e destrói sua unidade cultural.
> IGOR STRAVINSKI

ara usar uma expressão significativa no contexto da cultura nagô-iorubá, a recriação de orikis deve se dar numa encruzilhada, *cross-road* do poético e do antropológico. O concurso da antropologia é indispensável. Mas não é suficiente, se quisermos ter uma idéia não apenas daquilo a que o oriki se refere, mas também de como o próprio oriki se configura. É um problema que diz respeito ao *design* da linguagem, para falar em termos pignatarianos. É óbvio que o original e seu duplo jamais serão iguais. Isso está fora de questão. Trata-se de criar um oriki paralelo, por assim dizer, ao oriki original. É neste sentido que falamos em re-criar – ou "transcriar", Haroldo de Campos *dixit*. Se não devemos nublar a informação documental ou semântica, tampouco podemos desfigurar a informação estética, materializada no arranjo dos signos numa estrutura verbal específica.

Pensar a tradução no campo da antropologia não é propriamente uma novidade. É evidente que a tradução é uma operação lingüística e, por força disso, toda teoria da tradução pertence automaticamente ao espaço da reflexão lingüística. Mas como a tradução é uma empreitada complexa, instaurando uma zona de fronteira não só entre línguas, mas entre culturas, não vejo como deixar de lado a perspectiva antropológica – o ponto de vista daqueles que se dedicam ao estudo dos sistemas culturais. Aliás, Georges Mounin já dizia que "todo tradutor que, de mil maneiras empíricas, não se tenha transformado em etnógrafo da comunidade cuja língua traduz, é um tradutor incompleto". E se isto é válido para exercícios de tradução no interior de um mesmo complexo cultural, torna-se especialmente válido para a tradução que se instala num espaço intercultural.

Antropólogos lidam freqüentemente com problemas de tradução. Estudando a sociedade balinesa, Clifford Geertz se referiu, por exemplo, às "habituais ligações erradas que são próprias da tradução intercultural". Nesse caso particular, Geertz tinha em mente a expressão *negara*. É uma palavra que vem do sânscrito e é utilizada, nas línguas indonésias, para cobrir uma área semântica que abarca os conceitos de cidade, palácio, Estado, capital, reino e mesmo civilização (antiga, clássica). Ou seja: o vocábulo "Estado" não traduz corretamente o que os balineses designam com o termo *negara*. Em terreno mais próximo de nós, temos o exemplo da expressão iorubana ọ̀run. Juana Elbein se viu às voltas com o problema. Como se sabe, os iorubanos fazem uma distinção entre o aiê (o mundo concreto em que vivemos) e o orum (espaço sobrenatural abstrato, a-tópico). No entanto, embora o conceito de orum não seja de modo algum assimilável ao de céu-paraíso cristão, "quase todos os autores traduzem ọ̀run por céu (*sky*) ou paraíso *(heaven)*, traduções que induzem o leitor a erro e tendem a deformar o conceito em questão", reclama a antropóloga. De minha parte, no caso, acho que se pode simplesmente abrasileirar as expressões. Elas já fazem parte do português do Brasil, especialmente do *bahian portuguese* (Megenney), onde "aiê" aparece, inclusive, no nome de uma das maiores entidades afro-carnavalescas locais. Mas as tais "ligações erradas" de que fala o antropólogo da *thick description* – como nos casos de se traduzir "negara" por "Estado", ou "ọ̀run" por "paraíso" – formam apenas uma parcela do problema. O que temos aqui é uma dificuldade estritamente lexical, na medida em que nos defrontamos com conceitos verbais que não encontram equivalentes exatos em nossa língua. É uma questão de recorte lingüístico. Inexistem, em inglês ou português, vocábulos que respondam precisamente às áreas semânticas recobertas pelas palavras "negara" e "orum"; que possuam a mesma extensão ou a mesma delimitação referenciais do termo sânscrito ou do termo iorubano. Mas mesmo quando o referente é idêntico, quando há uma co-incidência de superfícies conceituais, podemos continuar a ter problemas. Costumo exemplificar esse outro tipo de dificuldade onde ela aparece de forma extremamente óbvia: no terreno do léxico sexual dos povos. Aqui, o que está em jogo são as relações entre sociedade e sexualidade. Ou antes, como a sexualidade, ou a sensualidade em geral, é definida, encarada e praticada no âmbito de determinada cultura. Afinal, as culturas lidam de modos diversos com a dimensão erótica da vida humana.

Veja-se o caso da cultura tradicional havaiana, examinada por Sahlins. Quando o capitão Cook alcançou o arquipélago, no século XVIII, viu-se imerso num mundo altamente erotizado. Tudo era sexo. E, em matéria de sexo, valia tudo: homo-hetero-pan sexualismo havaiano, em meio a variados jogos eróticos e a uma didática da sexualidade (como o pisca-pisca da xota, que era ensinado às meninas, juntamente com outras técnicas que faziam "a alegria das coxas", no dizer dos próprios havaianos). Curiosamente, por sinal, o verbo "comer" tem, em toda a Polinésia, o mesmo duplo sentido gastronômico-sexual de que antes eu só tivera notícia no português do Brasil e no tupi dos arawetés amazônicos. Mas voltemos a Sahlins. "Fica evidente o motivo pelo qual os havaianos eram tão interessados em sexo, o sexo afinal era tudo: posição, poder, riqueza, terras e garantia de todas essas coisas. Feliz sociedade, talvez, que podia tornar tão prazerosa, por si só, a busca por todas as coisas boas da vida." A própria estrutura organizacional do reino fundava-se em conexões sexuais. E é claro que tudo isso se projetava na criação textual havaiana. Ao ponto de Sahlins não saber dizer o que é uma canção havaiana de amor, "por ser quase impossível determinar o que não é" ("quase qualquer coisa lembra sexo para os havaianos"). Mesmo quando o texto não é explícito, pode estar sob a regência de um procedimento verbal muito usado, no qual os havaianos são especialistas – o *kaona*, jogo de sentidos ocultos, geralmente sexuais.

Em meio a essa textualidade erótica, signos sob o signo de Vênus, Sahlins fala ainda dos cantos genitais da aristocracia. São verdadeiros hinos em louvor de genitálias reais. O canto da rainha Lili'uokalani, por exemplo, celebra seus genitais "alegres e travessos". Já o canto do chefe Kamehameha fala de seus genitais com sabor de flor. (Será que Caetano Veloso sabia dessas coisas quando pediu, numa canção, que o Havaí fosse aqui?). E tudo isso cria problemas para a tradução. O próprio Sahlins acaba mantendo, nos textos que traduz, o vocábulo *ule*, colocando ao lado, entre colchetes, a expressão "pênis". Mas nem é preciso ir ao extremo havaiano. Nem isto significa que não existam tabus, regras e repressões na cultura tradicional do Havaí. Existem, sim, como o tabu da comensalidade intersexual, por exemplo, que ingleses e nativas transgrediram, degradando assim o seu comércio erótico. O problema é que temos em nossa história o *karma* judaico-cristão em relação ao corpo. É fato que, no Ocidente, as visões do corpo e da sexualidade passaram por uma transformação revolucionária. Mas infelizmente, no que diz respeito à tradução, as línguas não mudam sempre que mudam os costumes. E os cristãos continuam sem ter, no elenco de seus santos, uma mulher como Afrodite, especialista nas artes do amor, capaz de, com o doce desejo, *glukus himeros*, emaranhar as fronteiras cósmicas. A propósito, todos devem estar lembrados do velho poeta-filósofo Xenófanes investindo contra Homero e Hesíodo, pelo fato destes terem imputado aos deuses tudo quanto nos homens era "vergonhoso e censurável": roubo, adultério, mentiras mútuas. Homero povoara o Olimpo com deuses imorais.

Também os deuses iorubanos são imor(t)ais: deuses fálicos, deusas voluptuosas, ambos imodestos em suas façanhas sexuais, exemplos plenos de exuberância erótica. E seus cantos celebram franca e enfaticamente esta sensualidade. Um temperamento "xenofânico" (sic) entraria em polvorosa nesse reino em que o sexo, além de existir, nada tem de inexplícito. Acontece que traduzir uma expressão genital iorubana por um palavrão, ou recorrendo a alguma "logotécnica", não me parece muito adequado, ao menos em princípio. A tradução pode ficar acanhada ou, o que é pior, ganhar uma frieza médica. Se Iemanjá não é nenhuma freira, tampouco consigo imaginar a fogosa Iansã em termos ginecológicos. A alternativa entre caralho/buceta e pênis/vagina traz uma inadequação óbvia. Não acredito que nenhum dos termos citados possa responder com exatidão ao sentido visado pelo original. Imaginem um poeta-cantor iorubano, diante da comunidade reunida na praça, iniciando uma canção (na qual saudará os orixás e outras entidades sobrenaturais) com os seguintes "versos":

> Mo júbà okó tó dorí kodò tí ò ro
> Mo ríbà èlè tó dorí kodò tó ò san

Oludare Olajubu traduz para o inglês: "I salute the penis that droops downward without dripping/I salute the vagina that opens downward without flowing" (eu saúdo o pênis que se inclina sem pingar/eu saúdo a vagina que se abre sem fluir). Ora, uma cena dessa natureza é impensável numa cidade ocidental contemporânea.

Nos orikis que venho recriando, o emprego de expressões sexuais varia algo subjetivamente, ao sabor de um certo "clima" ou de uma incerta "atmosfera" sexual. "Xangô, falo de elefante/Que a xota fraca/Não suporta", por exemplo. Ou num oriki de Iemanjá: "Pelo espesso na buceta/Buceta seca no sono/Como inhame ressequido". Já num texto para Ogum, recorri à dupla pênis-vagina. Tudo depende do contexto fonossemântico, em princípio. Conta Lydia Cabrera que, em certas circunstâncias, os santeiros cubanos tratam Oxum como *afaradí iyá*, "que quiere decir... Puta Madre". Enfim, cada um joga seu jogo. Mas confesso que não é fácil para mim fazer tais escolhas. Talvez há alguns anos, nos tempos mais extremos da militância-delírio esquerdista ou contracultural, o contestacionismo a qualquer preço se encarregasse de resolver o problema numa fração de segundo, superpovoando os orikis de palavrões. Mas hoje a conversa é outra. Se não me dou por satisfeito com o jargão técnico, com a gíria médica, também vejo que o palavrão é uma faca de dois gumes. Durante algum tempo, artistas de vanguarda ou *soi-disant* de vanguarda, ocidentais e orientais, viram, no emprego ostensivo do palavrão, uma atitude desreprimida e mesmo liberadora. Já naquela época,

Herbert Marcuse tocava no centro do problema ao falar da linguagem obscena padronizada como "dessublimação repressiva: satisfação fácil (embora indireta) da agressividade". Aceito, em tese, a leitura marcusiana. O palavrão pode se voltar facilmente contra a sexualidade - e, nesta "volta", ele a degrada. "Se um radical diz 'foda-se Nixon', ele associa a palavra para máxima gratificação genital com o representante máximo das instituições opressoras, e 'merda' para os produtos do Inimigo sucede à rejeição burguesa do erotismo anal." Em suma, há sempre algo de repressivo, e não raro de patológico, no palavrão. Além disso, não consigo acreditar que um compositor de orikis, um poeta religioso iorubano, se dirigisse aos seus deuses com a disposição de um Aretino dos "sonetos luxuriosos", ou como Gregório de Mattos se dirigia às nossas taras seiscentistas. Mas é isso mesmo: há que enfrentar a parada. Traduzir é engenhar. Cito, como exemplo, o caso dos orikis de Ogum. Um estudo sobre a sexualidade do ferreiro divino teria vasto material com que lidar. Ogum é famoso por suas proezas sexuais. E aqui traduzo duas passagens de orikis do deus da guerra, ambos recolhidos por Pierre Verger, onde me vejo impelido a fazer escolhas no reduzido repertório do léxico genital. Por exemplo:

> Entrou fundo e tocou a mão na base do pênis.
> Estava inativo?
> Ativo pênis penetrante, inativo era o saco.
> O saco se esvaziando.

Já no outro oriki, topamos com um trecho que é uma exposição nítida da sanha e do poder destrutivos de Ogum, o lutador incansável e implacável, que volta e meia se banha com sangue. O texto vai mais ou menos assim: "Mata o marido no meio do fogo/Mata a mulher na sala da casa/Mata a criança que tenta fugir"... Lá pelas tantas, nos deparamos com a linha "o wo oko oloko rojo rojo". Traduzindo palavra por palavra: o (ele) wo (olha) oko (pênis, caralho) oloko (proprietário do pênis) rojo rojo (fixamente, segundo Verger). Margareth Thompson Drewal traduz: "He stares at the penis of men". Não tem graça alguma. O desenho fonético do original e sua violência semântica exigem coisa bem mais enérgica. Chocante mesmo. Algo assim como:

> O wo oko oloko rojo rojo
> Encara caralho e cara de caralho

Quando me decidi à aventura de recriar orikis, duas coisas me tomavam a cabeça. De uma parte, a inexistência de recriações *poéticas* de orikis em português. De outra, uma advertência do padre-cura num dos capítulos do *Quixote* de Cervantes, figurando o repto da tradução criativa de poesia. No primeiro caso, sabia da existência de versões prosaicas, explicativas, distantes de qualquer eficácia estética, embora sólidas e valiosas para os estudiosos, como as de Síkírù Sàlámì.

Mas o fato é que translações lingüísticas dessa espécie, mesclando versão literal e elucidação etnográfica, por mais que sejam preciosas, principalmente para analistas e observadores culturais, não respondem ao problema da tradução de poesia. O miolo da questão está em que o seu objetivo se reduz à tentativa de transporte lingüístico de um "conteúdo", quando o texto criativo é, por definição, linguagem formalizada. A ineficácia poética nasce justamente aí, no momento em que o que está em tela, da primeira à última instância, é a dimensão contextual ou referencial da linguagem – e não a dimensão estética, que faz da poesia, poesia. Num poema, para lembrar o famoso verso de Yeats, não se pode separar o dançarino da dança. Um poema é um poema porque a língua foi submetida a um artesanato. E isto não pode ser atirado fora. A tradução poética tem que ser, ela mesma, um artesanato – e um artesanato que tente responder diagramaticamente à configuração sígnica do objeto original. Partindo deste princípio – poesia com poesia se paga –, em campo de orikis tudo estava por ser feito. E aqui aflorava a advertência do padre-cura no *Quixote*. É simples. Enfrascado na leitura de livros de cavalaria, o fidalgo finalmente enlouqueceu (ao menos aos olhos dessa pobreza chamada "bom senso"), saindo pelo mundo a parodiar as letras que devorara. Para evitar que o mal se agravasse, o padre-cura e seu amigo barbeiro promoveram um expurgo na biblioteca do extemporâneo cavaleiro andante, condenando à fogueira os volumes culpados pela piração quixotesca. Nesse curioso julgamento, o *Amadis de Gaula*, embora matriz da literatura cavaleiresca e, portanto, origem de todo o tresvario, é absolvido. Por que? – "por ser único em sua arte", sintetiza o barbeiro, convencendo o cura. A mesma sorte não tem a versão espanhola do *Orlando*, assinada por um certo Jeronimo de Urrea. A conversa, nesse passo, é sobre tradução de poesia. Referindo-se ao "cristão poeta" Ludovico Ariosto, o cura sentencia: "Este, se por aqui o apanho a falar-me língua que não seja a sua, não lhe hei de guardar respeito algum; falando porém no seu próprio idioma, colocá-lo-ei sobre a cabeça". A explicação é óbvia e, além disso, o cura generaliza: a tradução espanhola desfigurou o original italiano – "e o mesmo sucederá a todos quantos quiserem traduzir para os seus idiomas livros de versos, que, por muito cuidado que nisso ponham, e por mais habilidade que mostrem, nunca hão de igualar o que eles valem no original". Tem razão o cura (há exceções, é verdade, mas elas são muito, muito mais que raras). Ocorre que o que está em jogo não é igualar o original, e sim responder ao seu desafio, numa partida de som-sentido. Diante do original, é preciso fazer o máximo para empobrecer o mínimo. Temos assim que navegar tomando o rumo da estrela ou da constelação chamada "função poética" da linguagem. E aqui a etnografia não ultrapassa a categoria de linha-auxiliar. Ou, mais precisamente, as vias de acesso poético e antropológico ao texto se apresentam em termos de convergência, mas o objetivo precípuo não é a explicitação conteudista, e sim a textura/tessitura do canto.

Logicamente que sem promover badernas ou violações no campo semântico. Reconheço que, tanto num caso como no outro, algo sempre se perde. Mas nos resta escolher o quê. Dou um exemplo com a recriação de um *Vers* de Guilhem de Peitieu por Augusto de Campos. A sexta estrofe:

> Chamam-me "o mestre sem defeito":
> Toda mulher com quem me deito
> Quer amanhã rever meu leito;
> Neste mister sou tão perfeito

TRANSCRIANDO ORIKIS

> Tenho tal arte,
> Que tenho pão e pouso feito
> Por toda a parte.

Ora, Augusto vem mantendo – e prossegue sustentando –, por estrofes seguidas, a estrutura, a fisionomia e o tom da canção do duque de Aquitânia. Quem conhece o original provençal, sabe que esta tradução é fiel. Guilhem está presente, pulsando em português. Está vivo na reinvenção. Mas há um detalhe. No original, o último verso da estrofe citada traz um dado sociologicamente significativo. Em função da rima e do ritmo, Augusto traduziu "en totz mercatz" por "por toda a parte". A importância do *mercatz* (mercado) está em que, na época de Guilhem, presenciou-se o renascimento urbano medieval, sob a influência do comércio. Cidades nasciam, expandiam-se ou se vitalizavam, cada uma delas constituindo o seu *mercatz*. Augusto, obsessivamente voltado para a poesia, passou ao largo do fato. Mas valeria a pena ter desfigurado o poema para incluir o mercado? Penso que não. E que esta é a escolha. Quem não lê provençal e quer conhecer a poesia de Guilhem, pode degustar o texto recriado por Augusto. Já quem estiver interessado nas cidades da Idade Média, favor procurar Henri Pirenne. Não se trata, repito, de violentar o espaço semântico do original. Mas aqui, no momento da reinvenção de um poema, a "função" referencial da linguagem recua, para que reine, em sua plenitude, a "função" poética – afinal, outra coisa não se passou quando o original se fez. E foi esta a opção que fiz, nos orikis que recriei. Meu objetivo foi tentar passar algo da "materialidade" do texto poético iorubano. Dar uma idéia aproximada de tais jogos de linguagem, ainda que aqui e ali correndo o risco de deixar de parte algum "mercatz".

Fala Ernest Francisco Fenollosa, examinando a questão da tradução de poesia do chinês para o inglês: "O sucesso ou insucesso na apresentação de qualquer poesia estrangeira em inglês fica em grande parte na dependência do trabalho poético aplicado aos meios escolhidos. Talvez seja demais esperar que eruditos idosos, que passaram a mocidade a se digladiar com renitentes caracteres chineses, sejam também bem sucedidos como poetas. Até os versos gregos poderiam ter sido mal recebidos se os que deles nos abastecem tivessem compulsoriamente de contentar-se com os padrões provincianos da versificação inglesa. Os sinólogos deveriam lembrar-se de que o propósito da tradução poética é a poesia, não as definições literais dos dicionários". Fala Ulli Beier, examinando a questão da tradução de poesia do iorubá para o inglês: "Na tradução de poesia de uma cultura muito diferente o problema freqüente é que temos que sufocar o texto atual num emaranhado de notas. (...). Uma tradução literária, cujo principal propósito é transmitir o *feeling* e o *mood* da poesia iorubá ao leitor de língua inglesa, terá que extirpar o material de interesse puramente etnográfico".

Na tradução de poesia, o parâmetro semântico providencia uma espécie de demarcação do terreno, dentro de cujos limites, entretanto, os procedimentos poéticos são soberanos. E, já que falei antes em "mercatz", passo aqui um exemplo, por "associação-de-idéias". De acordo com Verger, o mercado tem, entre os iorubanos, uma função social que faz lembrar a da ágora entre os gregos (não sei de onde vem, por sinal, a mania brasileira de escrever "o ágora", quando o substantivo grego é feminino, *hé agorá*) e a do "forum" entre os romanos: ponto de encontro da *communitas*, onde a gente da cidade se reúne para todo tipo de transação e entretenimento. E é Exu, o ardiloso Exu, capaz de matar um pássaro ontem com uma pedra que atirou hoje, quem "supervisiona as atividades do mercado do rei em cada cidade". Aqui, em relação a Exu, o mercado já não é, como em relação a Guilhem, um dado contextual secundário. Guilhem poderia ter dito que tinha sua cama feita em todo castelo, mas Exu não pode deixar de ser o guardião do mercado – *ojà*, em iorubá. Traduzindo um oriki de Exu (orixá que veio ao mundo munido de um porrete especial, capaz de transportá-lo de um lugar a outro, e de atrair coisas distantes, feito um poderoso ímã), referências ao mercado – e ao porrete – devem ser respeitadas. Não podem ser abolidas. Posso brincar em diversas direções – como na tradução seguinte, oriki de Exu Odara (colhido por Verger), que, em função do caráter do orixá, recriei recorrendo ao linguajar da malandragem dos morros do Rio de Janeiro –, mas mantendo mercado e porrete:

> Viva Exu Odara
> O bamba que zanza pelo campo
> O bom de briga que abafa no bafafá
> Que bota uma beca batuta
> Pra ser porteiro de Deus.
>
> Rei na terra de Ketu
> Convida o alinhado e avia uma de leve.
> Ele vem pra revirar o Benim.
> Laroiê chora lágrimas de sangue.
> Faz o torto ficar direito
> Faz o direito ficar torto.
>
> Ele tem oitocentos porretes
> Cento e sessenta porretes porretas.
> Bate bate batá.
> Baixote que chega de noite do mercado
> Baixote que chega junto
> Como a beira, da estrada.
>
> Viva Exu Odara.

Traduzir a expressão iorubana *oríkì*, em moeda lingüística corrente, pode ser fácil ou difícil. Em nosso caso, é desnecessário. A incerteza etimológica já coloca um pedregulho no sapato do tradutor. E se Síkírù Sàlámì está certo, a expressão é uma palavra *portmanteau* que não remete diretamente à prática estética, como, por exemplo, o sintagma "cantiga de amigo", do trovadorismo galego-português. Em inglês (Inglaterra, EUA, Nigéria), não se costuma traduzi-la, mas antes classificar os textos do gênero sob o rótulo geral de *praise poem*, o que é inadequado. "Praise" é "louvor" – nos sentidos de aplauso, homenagem, elogio –, mas com uma conotação religiosa subjacente, como no dito "praise be to God", louvadoseja-Deus. *To praise* é "glorificar". E existem expressões iorubanas que traduzem precisamente tais significados: o substantivo *iyìn* e o verbo *yìn*. A conotação religiosa, de resto, é prejudicial, inclusive pela variedade temática do gênero em questão. O *Webster* dá, para *praise*, o sentido de "to laud the glory of (God, etc.), as in song". A idéia de "prece" ronda a área semântica. E o *oríkì* não é necessariamente religioso. *Àdúrà* seria o equivalente iorubano de *pray*. E assim como existem *oríkì* de Xangô, existem também *àdúrà* de Xangô. São coisas distintas. *Àdúrà* é reza, prece, em seu sentido "clássico" de petição dirigida a uma divindade. Tome-se, por exemplo, uma oração a Oxum. Mesmo o observador que não tem familiaridade com a cultura iorubana sente que está diante de uma espécie qualquer de oração. É o rito oral milenar do fiel que se endereça ao seu deus, pedindo proteção, saúde, dinheiro, paz na família. Ouvido após a oração, o *oríkì* marca claramente o contraste. Em vez da petição, do "ofício" explicitando a circunstância e o desejo dos *credenti*, o que temos é, sobretudo, uma figuração paratática do orixá.

Em nossa tradição literária, *praise poem* remete a encômio, louvação, loa. Três traduções impróprias para *oríkì*. Encômio era originalmente um canto que os gregos entoavam ao fim de seus festins, celebrando o anfitrião. Este sentido primeiro foi se estendendo aos poucos para envolver os cantos de exaltação a alguém (em virtude de vitória alcançada na guerra ou em jogos olímpicos, aqui sob a variante do *epiníkion*) e os elogios em geral. Com uma restrição: o discurso encomiástico pode enaltecer um mortal, mas nunca exalçar um deus. É interdito, por exemplo, compor um encômio decantando Apolo, o deus da loucura profética. Mas quem é Oxóssi, caçador de toda luz, senão um deus do Olimpo nagô-iorubá? Já loa e louvação caem mais ou menos na mesma inconveniência de *praise*. Loa (do latim, *laus*) é verso de louvor, designando antigas cantigas populares para santos católicos. É discurso laudatório, apologético. E louvação é uma canção popular em-louvor-de. Sikírù Sàlámì deve ter sentido essas inadequações. Prefere empregar, para *oríkì*, o vocábulo "evocação". Melhor. Mas ainda é uma solução insatisfatória. "Evocação" é muito *soft*. É uma espécie de trazer-àlembrança isento de intensidade, um memorialismo inócuo, apaziguado, à luz difusa do abajur lilás. E a recitação de um *oríkì* de Xangô pode estremecer o chão, sugerir paredes rachando e até mesmo atemorizar os mais sensíveis. Não se "evoca" um leopardo flamejante. Atiça-se. O espaço não é de beatitude lírica. Nem um rol de delírios sanguinários de Ogum se ajusta à vontade na esfera semântica do louvor.

A questão está desfocada, todavia. O *oríkì* é sobretudo uma espécie de montagem de atributos do objeto que tematiza. Uma construção epitético-ideogramática. O que importa é isso: montagem de atributos, colagem de predicados, justaposição de particularidades e emblemas. Mas esses atributos, considerados essenciais para o desenho ou a configuração do objeto, nem sempre serão vistos como coisas louváveis. Além disso, e com licença da rima, o louvável é historicamente variável. Jerome Rothenberg – leitor de Ulli Beier e Pierre Verger – percebeu de imediato. E foi ao miolo do problema: "não é uma questão de 'louvor', mas de delineamento de acordo com um certo método". O método da montagem. Um *oríkì* de Omolu, por exemplo, é uma espécie de ideograma do senhor das pestes. Escolhi, por isso mesmo, ficar com o razoável. O já consagrado pelo uso. O vocábulo *oríkì*, fonicamente aclimatado – isto é: sem os traços tonais distintivos: oriki –, é usado no Brasil em meio ao chamado "povo-de-santo", aos adeptos e estudiosos do candomblé e da cultura negromestiça em nosso país, mormente nos templos religiosos de origem nagô-iorubá – ou vinculados ao chamado complexo jeje-nagô. Assim como escrevemos ialorixá, adê, quilombo, Ketu, ibiri, xaxará, ofá, ebó, axexê, afoxé, etc., podemos escrever tranqüilamente oriki (e até mesmo "oriqui", caso ainda perambule por aí algum marioandradino encafifado em busca daquela simplória "gramatiquinha", que foi uma das idéias mais insossas do criador de *Macunaíma*). Oriki, portanto. E não estou inventando nada. Em seu *Dicionário de Cultos Afro-Brasileiros*, Olga Gudolle Cacciatore já registra: "*Oriki*. Cântico de louvor que conta os atributos e feitos de um orixá. F. – ior.: "oríkì" – nome atributivo exprimindo o que a criança é ou se espera que venha a ser. No homem refere-se geralmente a heroísmo, na mulher a encantos, etc. É usado por pessoas mais velhas para se dirigirem aos mais novos, ou pelo marido à mulher".

É provável que "oriki" seja uma fusão verbal: *orí* (cabeça, destino) + *kí* (saudar). Quanto a *kí*, não há problema. *Orí*, ao contrário, é complexo. Na mitologia iorubana, Ajalá é o orixá responsável pela modelagem de "cabeças". Elas ficam expostas no orum - e cada pessoa, antes de nascer no aiê, escolhe a "cabeça" (*inner head*), ou *orí*, que terá na Terra. O ori é, portanto, anterior ao corpo terrestre. E nosso destino pessoal aqui no aiê depende desse ori que escolhemos no orum. Escolha de destino, o conceito de ori integra assim a teoria iorubana da predestinação. Que, aliás, é flutuante. Em primeiro lugar, porque o sujeito não tem como saber se escolheu um bom ou um mau ori. Em segundo, porque o seu ori não se realiza necessariamente. É preciso não só trabalhar para concretizá-lo, como, o que é mais complicado, adequar a nossa ação terrestre ao ori escolhido no orum, que não sabemos exatamente qual é. Em outras palavras, temos que trazer para o nosso campo de ação aquilo que se vincula ao que nos está predestinado; caso contrário, não teremos êxito em nossa empreitada terrestre. Daí a necessidade de consultar Ifá-Orumilá: Ifá é quem pode saber o que quer o nosso ori, encaminhando nossa conduta terrestre em função de uma adequação a esse ou a aquele destino, para que ele, afinal, se realize. Mas não é só. Ori é um deus. Um deus pessoal. O meu Ori é o meu deus - meu e só meu -, ao contrário dos demais orixás (e cada orixá, incluindo Orumilá, também tem o seu Ori), que são de todo o mundo. Quando uma pessoa vai jogar búzios, consultar Ifá, ela está indo saber quais são os desejos do seu Ori. Ifá-Orumilá aparece, desse modo, como um intermediário entre cada pessoa e o seu deus pessoal. E isto significa que, antes de qualquer orixá, *o meu deus é o destino que eu escolhi para mim, embora eu não saiba que destino é esse.*

Aviso aos navegantes: não falo iorubá. O mais provável é que não venha a falar nunca, incapaz de reproduzir os jogos tonais que fazem a beleza dessa língua. O poeta Paulo Leminski costumava dizer que mantinha "relações diplomáticas" com diversos idiomas, inclusive o japonês, que estudou para ler Bashô. Talvez seja esta a melhor maneira de definir o meu trato – ou o meu jogo – com o iorubá: relações diplomáticas. Tenho um conhecimento assistemático e superficial da língua. Mas não acho que esta ignorância lingüística seja um obstáculo intransponível para ensaios de recriação da poesia nagô-iorubá. Basta pensar – longe de qualquer intenção comparativa (seria burrice ou delírio) – no caso paradigmático de Ezra Pound, recriando para nós a beleza da poesia chinesa – *Cathay*. O velho Pound, distante de ser sinólogo, ou de possuir sequer um conhecimento razoável do chinês, soube trazer para o convívio dos leitores de língua inglesa figuras como Bunno, Mei Sheng e Li T'ai Po. Recriou do mesmo modo o *nô*, o tradicional teatro nipônico, baseando-se, como se sabe, em notas e escritos de Ernest Francisco Fenollosa. E fez um trabalho de tal esplendor que Eliot não resistiu, conferindo-lhe o título de *inventor* da poesia chinesa para a nossa época. Pound realizou tal proeza graças à sua disposição radicalmente poética no corpo a corpo com a palavra. Esta é a sua lição. Traduzir um poema é re/produzir um poema.

No meu caso pessoal, devo dizer que a tradução/recriação de orikis não foi feita a lume de palha. Ao contrário, executei um verdadeiro trabalho braçal. Sob a mira do coração-cabeça, tinha sempre à frente o texto em iorubá, acompanhado de versão literal para uma outra língua (português, inglês ou francês – perdi, infelizmente, um livro, cujo título não me lembro mais, que trazia versões de textos sobre Exu para o alemão, onde eu me divertia lendo sobre o "compadre" em termos de *Mitternacht* e *Kreuzweg*). De um lado, recorria a informações histórico-antropológicas acerca do mundo iorubano e da peripécia do complexo jeje-nagô no Brasil desde os tempos do escravismo colonial – ou, ainda, às minhas experiências pessoais na vida e nos ritos do candomblé. De outro, me cerquei de uma série de gramáticas, dicionários e livros de consulta, com destaque para o *Dictionary of the Yoruba Language* (Oxford), o *Dictionary of Modern Yoruba* de R. C.

Abraham, a *Grammaire Yoruba* de P. Baudin e a *Introduction to the Yoruba Language* de Ida C. Ward. Assim ia conferindo palavra por palavra do texto original e praticamente adivinhando elisões, contrações e fusões vocabulares dessa língua simultaneamente tonal, monossilábica e aglutinante. Aproveitei pouquíssimas soluções dos autores-tradutores que li. São exceções – mesmo. E raríssimas. Não por preconceito ou ânsia de originalidade, mas por uma questão de método. Meu objetivo era alcançar, programaticamente, a recriação poética, ou transcriação – ao passo que as versões que me chegaram às mãos eram todas elas explicativas, prosaicas (mesmo quando versificadas), mais preocupadas com a realidade extratextual do que com a realidade do próprio texto. São versões legítimas, evidentemente, mas a minha meta era outra. Não se trata aqui de criticar trabalhos de Pierre Verger, John Pemberton III, Judith Gleason, Síkírù Sàlámì, Ulli Beier e outros. São obras ricas e importantes, sem as quais, de resto, este meu livro não existiria. O problema é que eu não podia ir no caminho de uma espécie de tradução que considera o princípio poético inessencial. Em muitas traduções do iorubá para o inglês, o que encontramos, antes que o esforço de re-imaginação do verso, mais sugere a tentativa de elaboração de uma *footnote*, uma nota de rodapé. Não se dá muita atenção à construção sígnica do original. O mesmo pode ser dito de Sàlámì, que verte uma linha sintética e sonora como "àmọ̀ àwo má rọ̀" (colhe e acolhe segredos) por um extenso "que conhece os segredos do culto mas não os revela" (a palavra "culto", de resto, nem aparece no original). E ainda de Verger, traduzindo "alamo lamo bàtá" por "le jouer de tambour frappe le tambour bata", quando, de uma visada poética, poderíamos ter o forte desenho rítmico-aliterativo de *bate bate batá*. Mas é isso mesmo: perspectivas textuais dessemelhantes.

A recriação de orikis apresenta dificuldades gerais, comuns à tradução de toda e qualquer espécie poética, tenha ela nascido nos Andes, na China, na Grécia Arcaica ou na Oceania. Os poetas nagôs conhecem o tear, a trama e a potência da linguagem da poesia. Aqui, esbarramos numa seqüência aliterativa, ali num jogo anagramático e assim por diante. Jogar com nomes de orixá, por sinal, não é coisa rara de se ver. Num oriki de Oiá-Iansã, encontramos: "Ìyà san nwọn fun ẹ ni idà o kò pa ẹnia", onde *ìyà* e *san* remetem ao nome da deusa: "a iá sã não se dá/espada para matar" ("iá" = "mãe", como ouvimos nos terreiros de candomblé)... Em outro oriki do mesmo orixá, que foi mulher de Ogum, temos: "Òbò mèjá/ Oṣó ó gùn", com as duas últimas partículas verbais remetendo ao deus-ferreiro *Ògún*, num trecho talvez traduzível por "buceta certa/longo é o gume do mago" (*òbò mèjá*, literalmente, é buceta sábia, inteligente – uma adjetivação insólita para os padrões ocidentais), tentativa de responder a *oṣó Ó GÙN* com *longo é O GUMe*... Mas, enfim, nada há de extraordinário aqui. São obstáculos que pertencem à rotina mesma da tradução poética, em qualquer língua – e ninguém vai pretender que sejam obstáculos insuperáveis, obviamente. Há, no entanto, problemas realmente sérios. Um deles é a duplicação. O *redoublement*. Diferentemente do "redobro" da gramática grega, repetição consonantal encontrável no perfeito, no mais-que-perfeito e no futuro perfeito de todos os modos verbais, a duplicação iorubana aparece como um mecanismo mais amplo de construção lingüística, provocando alterações de classe nos sintagmas lexicais. Graças a esse artifício, verbos se tornam substantivos, por exemplo. Assim, *pẹja* é "pescar" e *pẹjapẹja*, "pescador" – *fé* = "amar"; *fifé* = "amor" (nesse caso, como ocorre com freqüência, a vogal da sílaba *redoublée* se converte em "i"). Mas a duplicação verbal pode gerar também um advérbio, como no seguinte trecho de um oriki de Oiá-Iansã:

> Oya, a sú òjò má rò
> Iná ní gbogbo ara
> Iná wàràwàrà

Veja-se a última linha: "iná wàràwàrà". *Iná* = fogo. E *wàra* ("v.i. to be in a hurry, to be hasty" – *Oxford Dictionary*) vai compor, pela via do *redoublement*, o advérbio *wàràwàrà*, "velozmente". Sàlámì traduz:

> Oya, que faz o tempo fechar, mas não deixa a chuva cair
> Ela tem fogo no corpo inteiro
> Labaredas de fogo

ORIKI ORIXÁ

E aqui chegamos ao tema do efeito poético da duplicação e ao problema de sua tradução. A duplicação diz respeito, principalmente, à melopéia. À música dos signos verbais. Ou, ainda, ao campo expressivo dos procedimentos rítmicos e fonéticos. E pode adquirir, é óbvio, um caráter estritamente "fisionômico", para lembrar a terminologia da fase ortodoxa do concretismo, na medida em que o signo simbólico (a palavra) assume ares de signo icônico. É o caso desse *iná wàràwàrà*. O *a* em tom alto de *iná* faz as vezes de uma língua de fogo, que vai se espalhando em menores e rápidas chamas, recriadas na série de *aa* em tom baixo:

iná wàràwàrà...

Na tradução, pode-se forçar (mas nem tanto) o português, numa construção do tipo "veloz-veloz", que bem poderia comparecer num texto de Guimarães Rosa, por exemplo. Ao traduzir a linha, fiz uma inversão "fisionômica", por assim dizer: em vez do fogo se espalhando, o luzir da chispa antes da chama, via junção vocabular: "riscafaísca - fogo". E o trecho assim ficou:

Oiá, tempo que fecha sem chuva
Fogo no corpo todo
Riscafaísca - fogo

A duplicação não é, todavia, a dificuldade maior para quem se empenha na recriação do texto criativo nagô. A barra pesada está no fato de que o iorubá é uma língua plástica, minimalista e tonal. O padre Noël Baudin, escrevendo no século XIX, lembra que mais da metade das palavras iorubanas é de monossílabos. Aqui, o tradutor do iorubá para o português já se acha em algum apuro. Como se não bastasse a profusão de partículas monossilábicas, o iorubá é uma língua aglutinante. E de uma plasticidade realmente extraordinária. De fato, pode-se dizer do iorubá que é a língua dúctil por excelência. Baudin observa corretamente que um grande número de palavras compostas nessa língua são verdadeiras frases, *véritables phrases*, onde as diferentes palavras se fundem num sintagma de significação nova. Para exemplificar, o estudioso cita o exemplo de *foribalẹ* (adorar), amálgama de *fi* (pôr, colocar), *ori* (cabeça), *ba* (encontrar), *ile* (a terra). Baudin se refere ainda ao fato do iorubá apresentar fenômenos de "reunião de um certo número de idéias numa só e mesma palavra". Assim, topamos com a montagem de *ìro* (pensar), *ìnu* (dentro, interior), *pa...dà* (mudar) e *iwa* (conduta, comportamento) no sintagma *ironupiwada*, traduzível por "pensar em si mesmo a fim de mudar de conduta". Beier, aliás, se embatucou nesse problema lingüístico, falando em "monster nouns or adjectives" como *otamokukunbioyin* (aquele que vai picando alguém como uma abelha), para qualificá-los como elementos de frustração do trabalho tradutor. Por fim, o iorubá, como o chinês, não é apenas basicamente monossilábico, mas também tonal. Possui três tons – alto, indicado pelo acento (´); baixo, pelo acento (`); médio (-) –, dotados de funcionalidade semântica. Um simples deslocamento de tom altera o significado da palavra: *wá* = vir; *wa* = nós; *wà* = existir. Mais: *àwo* = prato; *awó* = galinha-de-angola; *awo* = segredo, mistério; *awò* = rede de pescar. Mais ainda: *àgbòn* = queixo; *àgbon* = coco; *agbòn* = cesto; *agbón* = vespa; *àgbón* = ardor da pimenta.

Como se pode ver, o tom é um aspecto fundamental tanto da palavra, quanto do encadeamento da fala. É um elemento de distinção semântica. E não só entre palavras, como nos exemplos citados, mas também, embora mais raramente, entre construções gramaticais. Ward lembra, a propósito, o sintagma *omi tutu*. Normalmente, *omi* (água) vem em tom médio, mas está sujeito a variação tonal, implicando variação gramatical. *Omí tùtù* = a água está fria; *omi tútù* = água fria. Os tons não se encontram rigidamente fixados, portanto. E o intervalo entre eles é relativo. Talvez pudéssemos exemplificar com um texto dito em alternâncias de "quinta", como na oralização que Caetano Veloso fez do poema "Pulsar" de Augusto de Campos. Além disso, o tom pode deslizar de alto para baixo ou vice-versa no interior de uma mesma sílaba, como também ocorre em chinês. São os chamados *glides* ou *gliding tones*. Em suma, as coisas não são lá muito simples. E é claro que os produtores textuais iorubanos jogam criativamente com essas modulações fonossemânticas. Não apenas em função do desenho sonoro do texto, ou buscando obter lances de efeito, mas também na trama dos sentidos. O tradutor? Bem, o tradutor que se vire. Num canto "ijalá" colhido por Adeboye Babalola, seu autor, Gbàdàmósí, diz que está se referindo a Ògún (deus do ferro e da guerra) e não a ògùn (veneno, "medicinal charm"). É uma brincadeira entre a identidade fonética e a dissimilaridade tonal dos vocábulos em questão. Impossível reproduzir esse jogo de *tonemas* – como, de um modo geral, todo o movimento textual de "rise and fall of speech tones". A manha lingüística está fora de nosso alcance.

Khlébnikov, nagôs. Sim, a memória brinca na teia de referências. Poetas vanguardistas russos falavam de "etimologia poética". Da existência de parentesco semântico entre palavras fonicamente próximas – convergências de vocábulos de sons semelhantes. Ulli Beier, por sua vez, ficou intrigado com o método iorubano de interpretar palavras. Como se não houvesse palavras básicas, tudo era derivável. Uma espécie nagô de etimologia poética: jogos vocabulares, fissões verbais, quebra-cabeças pseudo-etimológico. "O prazer que os iorubás encontram em interpretar palavras e as derivações fantásticas que eles constróem têm o efeito de manter as palavras vivas e sempre levemente ambivalentes", escreveu Beier. Me lembro de Huidobro, *Altazor*: "Y puesto que debemos vivir y no nos suicidamos/Mientras vivamos juguemos/El simple sport de los vocablos". Do discurso cotidiano ao jogo poético, estética da fala.

E aqui chegamos a um ponto delicado: a oralidade em contexto performático. Poesia oral, escrita, tradução. Um discurso-evento é transcrito num suporte, reificado, e posteriormente traduzido. Nada se perde, tudo se transforma? Eis aí um tema sujeito a chuvas e trovoadas. A opiniões extremas. Paul Ricoeur é intrigante, a esse respeito. Sabe que a escrita promove a plena separação entre o significado e o evento, ou entre o texto e a cena discursiva concreta: antes que presos à atualidade do evento, lidamos agora com a autonomia semântica do texto. Pela mágica da escrita, "o fato humano desaparece". Destrói-se a situação dialógica. O texto inscrito "subtrai-se ao horizonte finito" vivido pelo autor e seu auditório. Ao mesmo tempo, Ricoeur acha que as "leis de composição" em que o texto criativo se apóia remetem, em última análise, à dicotomia prática/obra, diante da qual a diferença entre oral e escrito é secundária. Aqui, a linguagem é submetida a um trabalho, a uma espécie de artesanato, e é por isso que se pode falar em *produção* e em *obra*.

Um poema é assim uma "obra de discurso"; seu autor não é um falante, mas um *maker*. Fernando Pessoa concordaria: a obra de arte é primeiro *obra* e só depois *de arte*. Transferido para o campo da produção, o discurso se transforma em matéria a ser moldada. A escrita, inscrição num suporte material, tornará as obras de linguagem "tão auto-suficientes como as esculturas". Inscrição e produção como que se sobrepõem. "Texto", para Ricoeur, é discurso "inscrito e trabalhado". Reina então uma afinidade profunda entre a escrita e os códigos (gêneros) que geram as obras discursivas. "Esta afinidade é tão íntima que poderíamos ser tentados a afirmar que até as expressões orais das composições poéticas ou narrativas se fundam em processos equivalentes à escrita. A memorização dos poemas épicos, de canções líricas, de parábolas e provérbios e a sua recitação ritual tendem a fixar e até a congelar a forma da obra de um modo tal que a memória aparece como um suporte de uma inscrição semelhante à que é fornecida pelas marcas externas." Mas há quem radicalize em outras direções. Para uns, o que conta mesmo é a performance. O texto emitido num rito social (religioso ou profano) é indestacável da cena de sua atualização. Inexiste fora dela. Trazer o oral para os trilhos da escrita seria, também, atitude mutiladora, falsificadora, reificacionista. A diferença entre oral e escrito é ostensiva, flagrante, insuperável. Paul Zumthor é um dos que acentua ao extremo a dessemelhança entre *voix* e *écriture*, buscando com lucidez e brilho uma *poétique de l'oralité*. Outros praticam o que se pode definir como uma etnografia da performance. Krupat chega a afirmar que é muito provável que a nossa cultura textual seja incapaz de produzir uma poética oral: escrever sobre poesia oral seria em princípio um gesto suspeito, "assimilacionista", marcado por uma "violência intrínseca". Olabiyi, por sua vez, vai falar em "oralitura", dizendo que é preciso preparar o espaço intelectual para a emergência de uma nova poética, que recuse inclusive a falácia reificadora embutida na própria noção de "texto". E assim por diante. "Quem passa anos na solidão, mesmo que não seja na solidão abstrata de um anacoreta ou monge cristão, mas numa solidão humana, e só se encontra em correspondência com o mundo através da escrita, perde o prazer e o dom da palavra, porque existe uma enorme diferença entre a palavra oral e a escrita. A oral se relaciona com um público determinado, presente, real; a escrita, porém, com um público indeterminado, ausente, que existe para o escritor somente na imaginação; a palavra tem por objeto homens, a escrita, espíritos; porque os homens para os quais eu escrevo existem para mim somente no espírito, na imaginação. Portanto, a escrita carece de todos os encantos, liberdades e, por assim dizer, das virtudes da sociabilidade, que são próprias da palavra oral" – Ludwig Feuerbach *dixit*.

Ainda que a memória possa funcionar como uma espécie de "suporte" para a "inscrição" da fala, na imagem de Ricoeur, o certo é que o discurso oral e o inscrito não são idênticos. O fato de que um é dito e o outro é escrito muda tudo. Zumthor já dizia que "a estruturação poética, em regime de oralidade, opera menos com a ajuda de procedimentos de gramaticalização... do que através de uma dramatização do discurso". Enquanto o escrito permanece, existe em repouso, o oral só existe em movimento. No plano da instantaneidade. Para ser eficaz, mobilizar o receptor, depende em alto grau da eloqüência, da riqueza da emissão, da sugestividade, das pausas e explosões, da pulsação fonética, do ritmo. Enquanto o texto oral flui, ou vibra na pele do ar, o escrito se contém, escultura de palavras, preso na página ou na pedra. O que significa que o texto escrito tem os seus limites nítidos, fixos, e o texto oral é relativamente instável. Como já escrevi diversas vezes sobre o assunto, repito aqui o que disse alhures (*Textos e Tribos*): "O texto oral, apesar do condicionamento ideossemiótico, não se caracteriza por uma rigidez absoluta. Deixa-se distinguir, ao contrário, por uma certa margem de flutuação no arranjo dos seus signos. Já o texto escrito possui um caráter constante. Imóvel. Esta intransigência da escrita, digamos assim, é muito clara no caso das formas religiosas. A presença de um Livro Sagrado sobretudo, como ocorre na cultura judaica ou na cultura islâmica, formaliza rigorosamente o discurso divino. A palavra escrita, embora sujeita a inúmeras interpretações, é sempre idêntica a si mesma. Daí, talvez, que as religiões escriturais tendam mais ao dogmatismo do que as religiões ágrafas. A forma oral é mais rebelde à definição de um cânone. Enquanto a escrita é estática, a situação oral é dinâmica, flexível, absorvente, integradora. Numa palavra, mutável. Cada atualização do texto oral é, em certo sentido, uma nova obra. Mesmo o espectador desatento percebe o fato. Como bem lembrou Peter Levi, não só os poetas viajam. Os poemas também: 'from mouth to mouth'. Ao menos em princípio, trazer a voz para a letra é impor, àquela, um constrangimento".

Ruth Finnegan destaca três realidades distintivas da textualidade oral: a performance, o improviso, a ocasião. O texto oral não tem a independência do escrito: necessita de alguém que o atualize, através de certos expedientes, numa ocasião/situação concreta, específica. Nesse particular, está mais próximo da música (mesmo a partiturada se materializa através do intérprete – e podemos lembrar, para dar um só exemplo, do que Mahler fazia com as peças que regia) e da dança do que da literatura. A performance atualiza o texto conferindo-lhe uma feição peculiar, única, irrepetível. Ou seja: o texto oral é emitido numa situação "x" (um casamento, um funeral, a véspera de uma batalha, etc.), impregnada de determinados sentimentos, e emitido de um modo "y", sob os efeitos do timbre, da gestualidade, da capacidade expressiva e mesmo (o que fazia com que Sócrates invejasse o rapsodo Íon) do figurino, das roupas do *performer*. Como diz Finnegan, tais elementos não compõem uma ornamentística – são parte "integral e flexível" da realização completa do poema. A performance é enfim uma entidade altamente complexa, envolvendo cenário, palavra, música, dança, figurino. Algumas vezes, a palavra é apenas um elemento entre outros. E há também o que podemos classificar como textos cinésicos ou gestuais, onde um movimento corporal pode fazer as vezes de um enunciado, como no teatro nô ou em narrativas lambas e caiapós. Finnegan chama a atenção, ainda, para uma outra coisa: em muitas culturas, os gêneros textuais são definidos não em função da estrutura ou do propósito da obra, mas em conseqüência de seu *modo performático*. É o que vemos na cultura textual iorubá, onde os gêneros poéticos são classificados com base em fatores como o grupo ao qual o *performer* pertence e as técnicas de recitação e produção vocal – o ijalá, por exemplo, é cantado por caçadores numa *high-pitched voice*. Conclusão de Finnegan: para o "crítico nativo", o modo performático é pelo menos tão significativo quanto a estrutura sintática ou a dimensão semântica do texto, no sentido semiótico dos termos.

A questão do improviso – e, claro, da "versão autêntica", princípio da textologia ocidental que, aqui, parece girar a vácuo... No universo do texto oral, há casos em que o *performer* não só introduz alterações no corpo de um texto antigo, como pode chegar a colocar, no velho suporte musical, uma nova estrutura textual. É certo que essa não é a regra geral. Longe disso. O que se espera de um *performer*, endereçando um oriki a um orixá ou recitando um espécime da poesia histórica ruandesa, por exemplo, é a memorização perfeita, a reprodução irretocada do original. Em todo caso, a "variabilidade verbal" (Finnegan) é algo que se costuma encontrar com relativa facilidade nos campos do texto oral. O que significa que o *performer* é, numa extensão variável, *maker, fabbro*. Alguma parte de sua criatividade individual é injetada no texto ao longo do processo da performance. Ao contrário do que ocorre no terreno do texto escrito, não há uma linha demarcatória drástica separando a composição da performance. E a performance pode ser seletiva, enfatizando ou omitindo passagens textuais, em função do contexto da emissão. Por fim, a platéia nem sempre é somente platéia, passividade. Entre os iorubanos, não é estranho que uma intervenção parta diretamente da platéia, retificando essa ou aquela informação textual. Ao se referir a esse papel ativo da audiência, por sinal, Finnegan exemplifica justamente em âmbito iorubá: alguém da platéia interrompe – cantando – uma performance ijalá, para corrigir uma informação sobre Ogum, recebendo de volta a tréplica do *performer*. E assim tocamos a terceira característica arrolada pela estudiosa. Além da dramatização do discurso e do espaço para a expressão da criatividade do *performer* e para intervenções da platéia, temos obviamente a real importância da *actual occasion*, da circunstância concreta da atualização textual, capaz de afetar diretamente a estrutura, a forma-conteúdo, da peça que se desenrola, do evento que vai se desdobrando a cada lance performático. A conexão concreta, imediata, *face to face*, amarrando intérprete e platéia se dá numa duração temporal e num nicho espacial precisos - e numa atmosfera singular.

Motz e.l son. Além de separar o oral do escrito, temos ainda que tratar de distinguir, na esfera da oralidade, entre o dito e o cantado. Entre a recitação, de um lado; e, de outro, o recitativo e o canto. São semioses distintas. A estética da palavra falada e a estética da palavra cantada dizem respeito a operações sígnicas peculiares, inconfundíveis. Cada palavra tem a sua poesia. Joyce, lembrado por Decio Pignatari: palavra cantada é palavra voando. Quando vocábulo e acorde se aproximam e se fundem, ou quando linha lingüística e linha melódica se acasalam, se mesclam, a palavra adquire uma outra natureza, uma personalidade suplementar, por assim dizer, em decorrência de sua própria presença no espaço musical. O poeta-compositor sabe disso. Caetano Veloso, por exemplo: "minha matéria-prima é a palavra cantada". Aqui, a altura, a intensidade, a modulação, o timbre imantam o verbo, de sorte que podemos mesmo falar, tranqüila e especificamente, de um outro *modo de existência* da palavra. É por isso que uma "letra" (como se costuma dizer entre nós) tão frágil, tão banal, tão tola até, pode soar tão densa numa canção cantada por Billie Holiday.

Fixar esses textos orais, falados ou cantados, encerrando-os no desenho nítido, no traçado estático da escrita, é certamente submetê-los a uma cirurgia, aprisioná-los e, por isso mesmo, enfraquecê-los. Mas não é - em *todos* os casos, rigorosamente - destruí-los. O texto oral é instável, sim - mas não tanto, e nem sempre. Não é instável um poema histórico de Ruanda. Nem exatamente flutuante um oriki de orixá. Quando me refiro à flutuação do texto oral em geral, sei que estou falando de um fenômeno real, mas também relativo. De um fenômeno que tem os seus limites. Porque há forças que atuam contra a instabilidade textual, no sentido de manter a coesão da obra discursiva, preservando sua estrutura e fisionomia. Por um lado, existe o condicionamento estético. Por outro, o condicionamento ideológico. Por condicionamento estético, entendo a própria determinação da configuração textual: a métrica, o esquema de rimas, a prosódia, os eventuais sintagmas fixos, as injunções do gênero, etc. O condicionamento ideológico, por seu turno, remete ao tipo de relacionamento entre ser humano e signo verbal que se encontra no conjunto ou em instâncias de uma determinada formação sociocultural. Um texto mágico, para ser eficaz, exige enunciação exata. Fidelidade textual é também o que se espera do emissor de um oriki de orixá. Por alguns motivos. Acredita-se que um oriki pode realmente mover moinhos, atuar concretamente, repercussões efetivas da fala na textura mesma do mundo. Um oriki emitido corretamente, signo a signo, é capaz de alegrar orixás e ancestrais, atraindo chuvas de bênçãos sobre o seu emissor...

Apesar de tudo, de todo o empobrecimento, ainda há o que curtir. Como já escrevi sobre o tema, e no momento não estou muito disposto ao autoplágio, remeto o leitor mais interessado ao meu livro *Textos e Tribos* (Rio de Janeiro, Imago, 1993), especialmente ao capítulo "Uma Viagem Poético-Antropológica". Repetindo o que disse, é possível chegar ainda a alguma fruição textual, em que pesem as inevitáveis mutilações da tradução entre línguas e códigos. Os percalços e as aporias da tradução intersemiótica. Em todo caso, é cada vez maior, no mundo inteiro, o número de pessoas cujo primeiro contato com o oriki iorubano vem se dando através da escrita. Muitos de nós conheceram assim os gregos, a lírica occitânica, o nô japonês, o sijô coreano. Por que não o oriki, na medida em que não é lá muito fácil, como costumo dizer, andar com uma aldeia africana no bolso do blusão? Alimento alguma esperança de que eu tenha passado uma pálida idéia, ao menos, do oriki nagô-iorubá... "shadows", como disse Finnegan, "of the full actualization of the poem as an aesthetic experience for poet and audience".

Tradução e narcisismo. Meu amigo Olabiyi Yai diz que toda tradução de poesia oral por escrito não passa de um exercício narcísico: em vez de dar conta do texto original, da poesia da fala ou da palavra-canto, o que propicia é a auto-satisfação, o exibicionismo do tradutor. Concordo. Mas apenas em parte. Toda tradução – ou, mais amplamente, toda demonstração de bi, tri ou polilingüismo – apresenta um nítido componente narcísico. Quando o próprio Olabiyi, num texto em inglês, cita versos em iorubá e uma quadra de Drummond em português, deve se congratular consigo mesmo, narcisicamente gratificado. E o mesmo deve acontecer com Haroldo de Campos, ao ver na *Anthology of Concrete Poetry* de Emmett Williams, as traduções que ele, brasileiro, fez do japonês para o inglês... Mas não é só isso. Como produtor-consumidor de poesia, agradeço aos céus sempre que algum narcisista incorrigível recria, numa língua que conheço, jóias da poesia clássica chinesa, do hinário egípcio ou do texto criativo asteca. Caso as minhas traduções levem alguém a se aproximar amorosamente do oriki, a cumprimentar a beleza da poesia iorubá, terei realizado ao menos uma parte da minha parte. Do meu ori?

Que a oferenda seja aceita.

FLORES DA FALA

 s orikis que o leitor vai encontrar, nas próximas páginas, pertencem a apenas uma das categorias desse gênero poético: o oriki de orixá. Tradicionalmente, costuma-se falar da existência de 401 orixás. Conhecemos apenas um pequeno número deles no Brasil – os mais importantes, socialmente: orixás que, por assim dizer, aparecem no centro de pequenas constelações divinas; e, claro, aqueles que, na própria Iorubalândia, não possuem somente um culto localizado, regional, mas atravessam as subdivisões grupais do povo nagô, a exemplo de Ifá-Orumilá e Exu.

Como escreveu Karin Barber, "cada orixá tem sua própria cidade de origem, sua própria personalidade e atributos especiais, seus tabus e observâncias, bem como seu próprio corpus de orikis". O leitor verá, portanto, que traduzi orikis referentes a um reduzidíssimo elenco de orixás: Exu, Ogum, Oxóssi, Xangô, Oiá-Iansã, Oxum, Obá, Iemanjá, Oxumarê, Omolu, Oxalá. A fim de facilitar o acesso ao texto poético, para aqueles que não possuem maior intimidade com a cultura religiosa nagô-iorubá, providencio a seguir pequenos "retratos" dos deuses aqui representados – à exceção de Xangô e Ogum, sobre os quais me demorei nos dois primeiros capítulos desse livro. Eis:

1. EXU. É o grande *trickster* do imaginário iorubá, para usar a gíria antropológica. Seu lugar é a encruzilhada, o ponto de passagem, a abertura, o umbral. Sua figura é o paradoxo. Exu é jovem e velho, alto e baixo, alegre e raivoso. Personificação da luxúria, da contradição, do jogo, da oralidade insaciável. Sabe, como ninguém, semear a confusão e a discórdia – assim como é incomparável em sua habilidade para recompor

a harmonia que ele mesmo fraturou. Tem a inocência da criança e a licença do ancião em suas rupturas da norma estabelecida. Induz ao erro e à maravilha. Sua representação visual é duplamente fálica: os cabelos arrumados sobre a cabeça como um ícone do pênis; o pau – enorme e duro. Personalidade liminar, ou liminóide, diria Turner. Margem, zona de fronteira, interstícios. E seu movimento é sempre duplo: mensageiro que leva aos mortais signos dos deuses e, aos deuses, signos dos mortais. Rei da Astúcia, Soberano dos Ardis, Senhor das Armadilhas. Laroiê!

2. OXÓSSI. É o Grande Caçador, com seu oguê-arô (chifre de búfalo), seu ofá (arco-e-flecha), seu erukerê (uma espécie de espanador, feito com rabo de touro ou de cavalo, instrumento de controle dos espíritos ou encantados da floresta). Na África, Oxóssi é um odé, isto é, pertence ao grupo de orixás caçadores. No Brasil, é mais visto como o Rei de Ketu, e é um dos deuses mais populares de nossos trópicos. Senhor da mata, dono de uma pontaria infalível, sente-se pleno na solidão dos campos, descobrindo e dominando caminhos com a sua personalidade arguta e sempre aberta ao novo. De um oriki:

> Odé não chega perto de bicho morto.
> Ele se assenta em terras estranhas.
> Odé me olha e me dá medo.

3. OIÁ-IANSÃ. É a Grande Guerreira. Deusa lasciva, voluptuosa, independente, mirando-se no brilho de sua espada. Ela é a guerra, a paixão, o sexo, a elegância. Destemida, encara e domina os mortos. Incendeia frente ao perigo. Passeia no meio da tempestade. Dispara raios. E é bela na briga. Fogo na batalha, fogo na cama. Fêmea-leopardo: assim na guerra como no sexo. Nenhuma submissão diante do mundo masculino. Rompe, inclusive, limites impostos por Xangô, adquirindo o poder de lançar fogo pela boca. Ao mesmo tempo, pode ser a própria encarnação da ternura, afagando a face das crianças e rejuvenescendo a dos velhos. Num pequeno estudo de anos atrás ("A Deusa da Fera Faiscante"), que nunca publiquei, escrevi a seguinte passagem sobre *iyá mi* Iansã:

"Do ponto de vista de uma tipologia das religiões, Oiá-Iansã está mais próxima de Palas Atena, uma das principais deusas do panteão grego clássico, do que de Santa Bárbara, a mártir cristã à qual costuma ser associada no Brasil (talvez por esta ser a padroeira da artilharia e dos bombeiros, além de proteger os seus fiéis contra os trovões). São ambas, Oiá e Atena, deusas guerreiras. Iansã, senhora dos ventos e das tempestades, acorda de espada em punho. Atena, a deusa dos olhos verde-mar, brota da cabeça de Zeus já completamente armada e dando um grito de guerra. Iansã comanda batalhas. Atena se envolve na Guerra de Tróia. Antes que alguém proteste contra a analogia, aviso que estou apontando semelhanças que são reais. O sincretismo Oiá-Iansã/Santa Bárbara me parece, na verdade, mais arbitrário do que a comparação entre o orixá nigeriano e a filha de Zeus (em Cuba, de resto, o sincretismo aproxima Santa Bárbara e Xangô, o que já é um exagero). Mas sei perfeitamente das profundas diferenças existentes entre as mitologias grega e iorubana - e entre Oiá-Iansã e Palas Atena. Oiá, ao contrário de Atena, não é uma protetora de heróis. Inútil procurar o seu Aquiles ou o seu Telêmaco. Mais ainda, Oiá não é deusa das artes ou do artesanato. Uma outra grande diferença diz respeito à vida amorosa e sexual. Iansã é ardente, apaixonada, lasciva. Atena nunca se entregou ao incêndio da paixão amorosa. Cegou Tirésias pela simples razão do adivinho tê-la visto nua, banhando-se ao ar livre. Atena: a virgem resplandecente. Iansã: a labareda erótica. Mas nada disso invalida o que apontei, sublinhando a disposição guerreira que as aproxima. Da pele de cabra à pele de búfalo.

Se quisermos pensar em Oiá-Iansã - a mulher voluptuosa que vagueia com a elegância de uma nômade fulani e anda com a vitalidade do cavalo que trota -, vamos ter que pensar numa mulher poderosa, forte e temida. Iansã é senhora irascível e sensual, dona do fogo e do corpo perfeito. Tem a pele brilhante como as chamas e, entre os seus objetos, carrega espada e chifres de búfalo. 'Oiá, não nos fira a tua ira', pedem os seus adeptos numa oração. Mas, ao mesmo tempo em que é o fogo, a força, a guerra, o vendaval - o orixá que atravessa o fogo e corta a copa das árvores -, Iansã é também capaz de cuidar das crianças e de rejuvenescer os velhos, dando-lhes a aparência do dia. Diz ainda um outro oriki que ela se deita dançando e acorda dançando – e as suas sacerdotisas, suas iaôs, quando entram em transe, dançam como se estivessem tomadas pelo vento.

Uma dança, aliás, que impressionou o poeta Haroldo de Campos, como vemos num fragmento da 'prosa' neobarroca de *Galáxias*: 'a dança de iansã que protege das trovoadas e se desnalga e desgarupa/ou a santa nela minha mãe coroada de um diadema de brilhos'. Interessante é que o poeta – depois de se deixar fascinar pela iaô que 'rodopia no espanto do sagrado' – diga que então só lhe resta uma frase, que veio dar no seu texto por acaso: 'e que eu repito como veio sem pensar repito como o om da mandala refalo remôo repasso colorless green ideas sleep furiously dormem incolores idéias verdes dormem furiosamente verdes dormem furiosamente'. A frase – 'colorless green ideas sleep furiously' – foi montada pelo lingüista norte-americano Noam Chomsky, o teórico da 'gramática gerativa'. Chomsky quis demonstrar, com o enunciado, que uma construção lingüística gramatical não é necessariamente *meaningful*. Distingue-se aí entre gramaticalidade e interpretabilidade: uma estrutura sintática normal, mas ininterpretável. O que Haroldo de Campos parece querer dizer, introduzindo o sintagma chomskiano no contexto do candomblé, é que a frase não só se mostra aceitável, na dimensão dos arranjos poéticos, como também ele a aceita, ruminando-a, enquanto enigma semântico. É surpreendente essa associação entre Iansã e Chomsky: há um lugar, na esfera do sagrado, para qualquer estruturação lingüística, por mais enigmática que seja – e ainda que não sejamos capazes de reconvertê-la em fala clara."

4. OXUM. Deusa do amor, do doce desejo, da beleza, da fertilidade e da riqueza. Narcisista, dengosa, sensual, esperta, Oxum é mãe dos pássaros e dos peixes, senhora da brisa e da água fresca, louca por jóias, mestra em línguas. Em vez de espada, o espelho. Associada à menstruação e à fecundação, inteligência feiticeira, ela aparece sobretudo como deusa terna e suave. Para se ter uma idéia, traduzi o seguinte primor de delicadeza:

FLORES DA FALA

Cantiga de Oxum Ipondá

Minha mãe, bom dia.
Mãe Ipondá que estás no escuro
Teus cílios luzes para mim.
Água que vai para o mar
Ipondá, bom dia.
Ah, cheia de graça
Mãe suave, ave leve.
Eu filho de Ipondá
Ipondá que tudo vê.
Ave leve, eleva-me.

O que não significa que Oxum não tope combates. Se Ipondá é a doçura (Ipondá que levou Oxóssi Ibualama para debaixo dágua, do enlace encantado nascendo Logunedé, orixá anfíbio e andrógino), outra "qualidade" da deusa, Oxum Apará, é jovem e guerreira, quase se aproximando das fulgurações bélicas de Oiá-Iansã. Diz um de seus orikis:

Ieiê, Apará.
Mulher com força de macho é Oxum.
Voz afinada, fala de ave.
Mãe senhora da água fresca.

Apará dansa, vento que não se vê.
Maga e mestra que os vivos veneram.
Ela come petequí com Xapanã.
Ela encara e acalma os poderosos.

5. OBÁ. Guerra e Ciúme. Todos – sem exceção – temem Obá. Mulher mais velha de Xangô, morre de ciúmes de Oxum (se as duas se encontram num xirê, a briga é certa). Reza a lenda que Obá perguntou certa vez a Oxum o que esta fazia para Xangô ficar louco por ela. Oxum respondeu que, sempre que preparava comida para Xangô, colocava dentro um pedacinho de sua orelha. Obá acreditou. Cortou uma de suas orelhas (é por isso que, nas festas do terreiro, ela dança com a mão cobrindo o lado do rosto) e colocou no amalá de Xangô. O deus ficou enojado,

furioso. E Obá nunca perdoou Oxum. Guerreira (usa espada, arco e flecha), apesar de velha, Obá lutou com todos os orixás, perdendo apenas para Ogum. Na verdade, estava ganhando a briga, quando Ogum jogou no chão um prato de quiabo. Obá escorregou, caiu e Ogum se atirou sobre ela, possuindo-a com a força de um leão.

6. IEMANJÁ. A Grande Mãe, com suas contas de cristal e seu axé assentado sobre conchas e pedras marinhas. Deusa da água. Dona do mar. Adivinha. Feiticeira. Mulher fecunda, bela, rica, sábia e poderosa. Mas também indomável e até vingativa. Maternal, sim - mas sabe guardar rancor. Como diz Lydia Cabrera, seus castigos são duros e é terrível a sua cólera justiceira. Difícil manter um relacionamento amoroso com ela. Seus casamentos desmoronam, os consortes sentindo-se humilhados ou ameaçados: Iemanjá sabe demais... É possível vê-la nas Américas, quando ela estende seus cabelos de prata à flor do mar, nadando à noite nas ondas da velha Havana ou da Cidade da Bahia.

7. OXUMARÊ. Oxumarê é um orixá inclusivo, reunião de pólos opostos. Ele é a serpente que morde o próprio rabo. Filho de Nanã (orixá dos pântanos e das águas paradas), Oxumarê é a serpente sagrada que "sai de dentro da terra, vai ao orum e retorna ao aiê, dando uma volta completa, como o arco-íris que faz o mesmo percurso" (Agenor Miranda Rocha). É macho e fêmea. Além de atravessar aiê/orum, de ser macho e fêmea, é Oluô, o Grande Adivinho, que "tudo vê com o seu olho preto" – como aprendemos com os seus orikis. E como não seria adivinho aquele que sabe o que se passa no aiê e no orum - e traz em si desejos de homem e desejos de fêmea? Oxumarê faz a chuva cair na terra e da terra extrai corais e pérolas. Canta-se de/para ele:

>Quem apareceu no céu?
>Oxumarê apareceu no céu.
>O que apareceu no céu?
>O segredo apareceu no céu.

8. OMOLU. É o Onixegum. O médico nagô. Melhor: o senhor das pestes, conhecedor dos segredos da vida e da morte, com sua pele marcada pela varíola, seu corpo de cicatrizes. Omolu/Obaluaiê - aquele que cura as doenças que ele mesmo espalha. Escreve Agenor Miranda Rocha: "Seu símbolo maior é o sol. Suas cores são o preto, o vermelho e o branco. Omolu é o dono dos búzios. Na África, os sacerdotes do awô erindelogun (mistério do jogo) são adoradores de Omolu. Está ligado à terra. Geralmente se diz que Obaluaiê é o moço e Omolu o velho, mas são apenas dois nomes para uma mesma entidade. Omolu carrega o xaxará que é o próprio Omolu. Com o xaxará ele limpa as doenças que ele mesmo espalha pelo mundo. Omolu é o dono das doenças, especialmente das febres, das doenças de pele, da lepra e de todas as grandes pestes. Dizem que ele se cobre com ikô (palha da costa) para esconder suas chagas. Na verdade, ele se cobre porque desvendar sua máscara seria o mesmo que desvendar o mistério da morte. Como ele venceu a morte, tornou-se o médico dos Orixás, chamado onixegum. Omolu é considerado o dono da morte e, por conseqüência, também da vida".

9. OXALÁ. Obatalá, Orixalá, Obatarixá. Oxalá é o Grande Orixá, *Orìsà-Nlá* (*nlá* = "grande"), a alvura imaculada. Dele se diz que nasceu em Ibô e foi reinar em Iranjé, referências encontráveis em seus orikis. Divindade suprema dos iorubanos, depois, é claro, de Olorum ou Olodumarê, *deus otiosus*. É o Orixá da Criação, designado por Olorum para fazer o aiê e a humanidade que o habita. *Fabbro* da humanidade, portanto. Escultor divino, oleiro de seres humanos. Caprichoso, deixa em albinos, corcundas e deficientes físicos em geral a marca visível de sua prerrogativa de esculpir os humanos como bem entende. Ao mesmo tempo, protege aqueles que marcou: coxos, paralíticos, albinos e corcundas encontram-se sob o seu manto protetor. Apresenta-se como Oxalufã, o velho sábio, Rei do Branco, deus da justiça serena, apoiado em seu cajado de prata. Ou como Oxaguiã, o jovem guerreiro, espada em riste, nunca hesitando em matar. É curioso: os deuses iorubanos não aparecem simplesmente como *flat characters*, para usar livremente a terminologia de Forster: além de representarem a multiplicidade humana, são eles mesmos

complexos: Oiá-Iansã é a disposição guerreira, mas pode ser a ternura; Oxum é a ternura, mas pode ir à luta; Exu é o castigo e o prêmio. Mas é que, na verdade, um orixá é feito de vários: um elenco de "qualidades", de nomes-personalidades que se distinguem entre si por temperamento e conduta. Oxalá, a sabedoria e a paz, a altíssima harmonia, tem assim, também, o seu lado viçoso e violento. Daí talvez a bela visão poética iorubana - "dichten = condensare" -, traduzida para o inglês por Ulli Beier:

> "Immense granary of the sky.
> Old man with the strenght of youth,
> you rest in the sky like a swarm of bees."

ou:

> Celeiro imenso do céu.
> Velho com vigor de jovem,
> Descansa no céu como um enxame de abelhas.

Pois bem. Os orikis que apresento a seguir foram traduzidos por mim, à exceção do "Oriki de Xangô 4", para cujo trabalho de recriação contei com a colaboração animada do poeta, músico e *videomaker* Jorge Alfredo, do poeta B. Maianeto, da bonita Marina Martinelli e do professor Trindade-Serra, a quem falei da necessidade de traduzir orikis para a língua portuguesa e a quem emprestei livros sobre o assunto. Os textos originais foram colhidos em diversos trabalhos poético-antropológicos. Para facilitar a identificação das fontes, armei as seguintes abreviaturas:

AO - *Africa's Ogum - Old World and New*, Bloomington e Indianapolis, Indiana University Press, 1989, editado por Sandra T. Barnes. Especificamente, a referência é o texto "The Dreadful God and the Divine King", de John Pemberton III.

COA - *Cânticos dos Orixás na África*, São Paulo, Editora Oduduwa, 1991, de Síkírù Sàlámì.

MOA - *A Mitologia dos Orixás Africanos*, São Paulo, Editora Oduduwa, 1990, de Síkírù Sàlámì.

NVO - *Notes sur le Culte des Orisha et Vodoun à Bahia, la Baie de Tous les Saints au Brésil et à l'Ancienne Côte des Esclaves*, Dakar, IFAN, 1957, de Pierre Verger.

PAG - *Oya - In Praise of an African Goddess*, Nova York, HarperCollins, 1992, de Judith Gleason.

O leitor notará que, nas traduções/recriações, grafo o vocábulo "dança" não com "ç", mas com "s". Já se escreveu assim. A escolha, aqui, deve ser creditada na conta da bailarina Suki Villas Boas. Numa conversa, Suki me disse que achava uma contradição escrever "dança" com "ç" e não com "s", já que o "ç" era uma letra visualmente capenga, desengonçada, enquanto o "s", em seu desenho sinuoso, era uma letra danSarina. Achei que ela estava com a razão.

Por fim, quero dizer apenas que tenho ouvido orikis na Bahia. Recentemente, no dia mundial do meio ambiente, celebrado na Cidade da Bahia entre as pedras, águas e árvores sagradas do Parque São Bartolomeu (Oxumarê), ouvi Stella de Oxóssi, Odé Kayodé, cantar um oriki de Ossānin, orixá das folhas. Dia seguinte, sentado na beira da praia, me lembrava sem parar de um fragmento do "Sturm" de Heinrich Heine: "O Meer!/Mutter der Schönheit...". E pensava na travessia atlântica dos orikis. Saint-John Perse girando na cabeça: uma linguagem poética cruzando o Atlântico, as pistas de luz e treva do mar oceano, sob a falcoaria das nuvens.

Espero que o leitor saiba cumprimentar essa beleza.

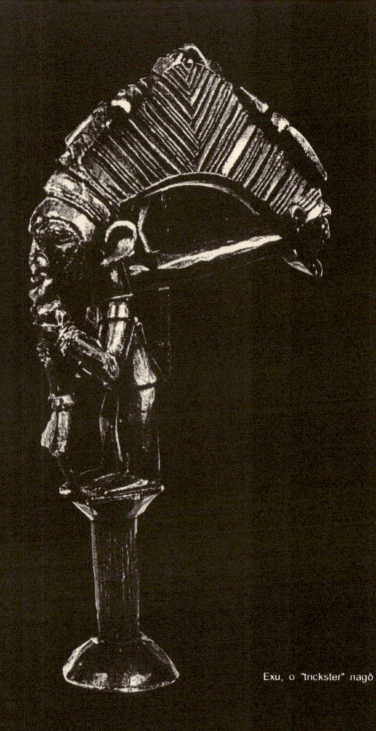

Exu, o "trickster" nagô

Oxés de Xangô

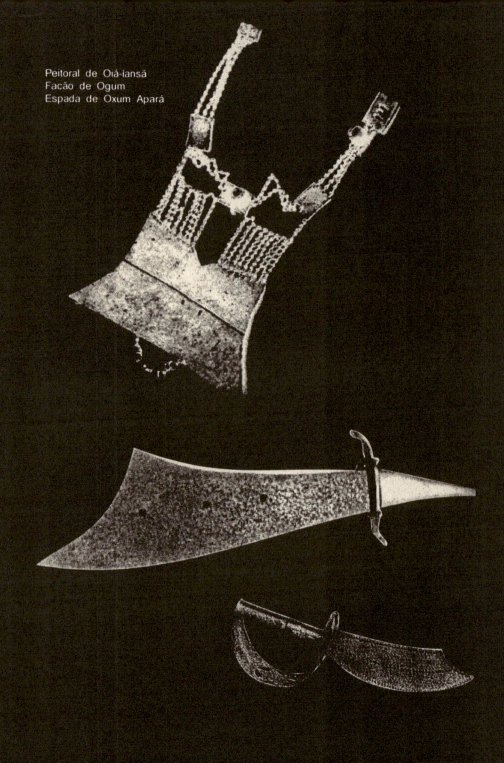

Peitoral de Oiá-Iansã
Facão de Ogum
Espada de Oxum Apará

Ofá de Oxóssi
Xaxará de Omulu
Iemanjá

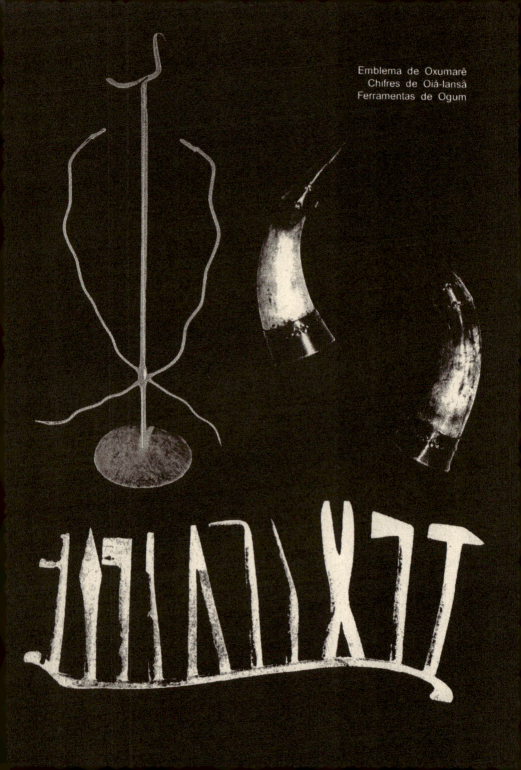

Emblema de Oxumarê
Chifres de Oiá-Iansã
Ferramentas de Ogum

Paxorô de Oxalá

ORIKI DE EXU 1

Se Exu entra numa terra
Ele já entra em pé de guerra.
A chuva que gela um egum
Não se atreve a cruzar o fogo.
Molha o fantasma encharcado.

Exu vai com a peneira
Comprar azeite no mercado.
Exu que empurra sem dó
Gente que se bate com medo.

Ele bate no elebó
Que não faz o bom ebó.
Grita para que a crise
Se espalhe e a casa caia.
Amarra uma pedra na carga
De quem fardo leve leva.

Pai, não prenda pedras
Que façam meu fardo pesar.

(NVO, pp. 128-129)

FLORES DA FALA

ORIKI DE EXU 2

Lagunã incita e incendeia a savana.
Cega o olho do sogro com uma pedrada.
Cheio de orgulho e de charme ele marcha.
Quente quente é a morte do delinqüente.

Exu não admite que o mercado se agite
Antes que anoiteça.
Exu não deixa a rainha cobrir o corpo nu.
Exu se faz mestre das caravanas do mercado.
Assoa – e todos acham
Que o barco vai partir.
Passageiros se preparam depressa.
Exu Melekê fica na frente.
O desordeiro está de volta.

Agbô é forte, firme, maciço
Dá na aiabá com uma clava
Surra de chicote a mulher do rei
Deixa o chorão chorar
Vê gente se batendo e não aparta.
Assim como ele, há crianças de cabeça alta.
Agbô – eis aqui minha cabeça.

Ao tempo que viaja, vigia a plantação.
Agbô, dono do açoite que zumba.
Bará que bebe da água que silva na selva.
Os velhos pentelhos de sua sogra balançam no vento.
Ele se calça e segue dansando a caminho de Oió.
Agbô aguou acaçá no azeite.

Bará Melekê tem tufos de cabelo na cabeça.
Agbô, que outro não ponha a mão em minha cabeça.

Agbô vê quando botam pimenta
Na buceta de sua sogra.
Ele é o barbudo que mora na barbearia.

Bará tem os olhos na terra e chora pelo nariz.
Ele toma no mercado sem pagar.
Ele dorme com um porrete do lado.
Laroiê assiste a enterros com os pais do morto.
Os pais do morto tremem de temor.
Os pais choram.
Laroiê chora lágrimas de sangue.

Sua mãe o pariu na volta do mercado.
De longe ele seca a árvore do enxerto.
Ele passeia da colina até à casa.
Faz cabeça de cobra assoviar.
Anda pelos campos, anda entre os ebós.
Atirando uma pedra hoje,
Mata um pássaro ontem.

(NVO, pp. 131-134)

ORIKI DE OGUM

Silêncio. Cale-se a fala.
Nada na casa em nada bata.
Inhame novo ninguém vai pilar.
Ninguém vai moer nada.
Não quero ouvir menino vagindo.
Cada mãe que amamente o seu filho.

Quando Ogum despontou
Vestido de fogo e sangue
O pênis de muitos queimou
Vagina de muitas queimou.

Senhor do ferro
Que enraivecido se morde
Que fere ferroa e engole
Não me morda.

Ogum foi a Pongá – Pongá ruiu
Foi a Akô Irê – Irê ruiu
Chegou ao rio – e as águas dividiu.

Terror que golpeia a vizinhança.
Ogum Oboró, comedor de cães, toma teus cães.
Ogum Onirê sorve sangue.
Molamolá fareja farelos.
Dono da lâmina, cabelo come
Senhor da circuncisão, come caracol
Ogum entalhador, madeira come.
Suminiuá, Ajokeopô.
Não me torture, Ogum terror.
Mão comprida
Que livra teus filhos do abismo
Livra-me.

(AO, pp. 105-106)

ORIKI DE OXÓSSI 1

pressa
para
atravessar
a estrada

400
búfalos
800
aspas

(NVO, p. 216)

ORIKI DE OXÓSSI 2 (fragmento)

Orixá, quando fecha, não abre caminho.
Caçador que come cabeça de bicho
Caçador que come coco e milho.

Mora em casa de barro
Mora em casa de folha
Orixá da pele fresca.

Quando entra na mata
O mato se agita.
Ofá - o seu fuzil.

Uma flecha contra o fogo
E o fogo apagou.
Uma flecha contra o sol
E o sol sumiu.

(COA, p. 97)

ORIKI DE XANGÔ 1

Lasca e racha paredes
Racha e crava pedras de raio
Encara feroz quem vai comer
Fala com o corpo todo
Faz o poderoso estremecer
Olho de brasa viva
Castiga sem ser castigado
Rei que briga e me abriga

(MOA, p. 94)

ORIKI DE XANGÔ 2

Xangô oluaxó fera faiscante olho de orobô
Bochecha de obi.
Fogo pela boca, dono de Kossô,
Orixá que assusta.
Disputa com egum a posse de eku
Castiga quem não te respeita
Xangô da roupa rubra, dono da casa da riqueza.
Boca de fogo, felino na caça
Rompemuros rasgaparedes
Racha e crava pedras de raio.
Gritam teu nome na terra
Gritam teu nome na guerra.
A rua que se bifurca, orixá do colar,
Volta a se encontrar.
Homem da guerra
Bendito pelos batedores de batá.
Aquele que se acende na chuva
Na chuva, na seca
Não há quem o dono de Kossô não possa matar.
Enrola na terra quem te ofende
Chove não chove
Não há quem o dono de Kossô não possa destroçar.
Bebe chuva como sopa, bebe a enchente.
Xangô poderoso, não me mate
Não mate nenhum dos meus.
Que eu vença os meus inimigos
Proteja os meus filhos
Não ofenda infantes
Não violente os velhos.
Que eu não viole as leis
Não tropece no azar

ORIKI ORIXÁ

Nem fale o que
Não se deve falar.
Xangô, dono de Kossô, matador sem defesa
Kabiessí ô.
Não há lugar para todas as tuas roupas
Vida plena, aqui na minha tenda.
Enforcado não enforcado
Não nos bata com teu machado.
Que a vida, vida seja –
Dono de Kossô,
Me proteja.

(MOA, pp. 90-93)

ORIKI DE XANGÔ 3 (fragmentos)

Afonjá, chefe de Kossô, a folha já fortalece
Aquele que dansa entre crianças
Faz o fogo vingar sem que se veja
E só notamos o talo das folhas estalando

Derruba no barro quem é burro
Ninguém pode corromper o nosso ori
Senhor do saber, olho brilhante
Ele fende além o alto céu

Murro no muro da mentira
Mata varando o olho do mentiroso
Mata selando porta e porto
Mata quem não sabe pensar

Alaganju, destelha casa alheia e atelha a sua
Água ao lado do fogo no seio do céu
Alado escala rápido o alto céu
Faz o fogo cair do meio do céu

(NVO, pp. 340-342)

ORIKI DE XANGÔ 4

Abalador
Alafim de Oió
Oluaxó - fera faiscante.
Rompemuros
Rasgaparedes
Racha e crava pedras de raio.
Tece em rubro toda a tua roupa
Bela de búzios.
Meu pai do povo de Oió, pai de Nupê,
Xangô degolador.
Abalador, dono de Kossô, dono de minha cabeça.
Bom comedor de amalá
Do amalá de qualquer quiabo.
Orobô é o obi de babá
O orobô de babá cá está.
Xangô racha-pilão
Rei meu senhor
Que adorarei.
Leopardo feroz, que adorarei.
Dono de Kossô, não desapareça.
Babá coroado batendo batá
Bate batá para sacrificar
Bate batá para a chuva chegar
Bate batá para ir guerrear.
Meu pai do segredo da cabaça
Que bendigo na boca do dia
Alegria de minha manhã.
Mistério que meu Xangô me mostrar
Nem aos meus eu mostrarei.
Xangô de toda a fala
Língua antiga ou inventada.

Abalador, amor de Oiá
Amante de dezesseis orixás
Tornou-se de todas elas.
Quando Oiá, mulher de meu pai,
Inunda o ventre dos inimigos
Sobre suas casas o rei relampêia.
Em cada mão, uma barricada.
Rei da coroa gloriosa.
O poder de meu pai apavora.
Teus raios riscam receio.
Chefe, adivinho
Bruxo, bruxa
Homem, mulher
Jovem, adulto
Escravo, criança
E os feiticeiros
Todos receiam o Abalador.
Meu senhor
Aquele que te adora
Trança cabelo e veste vermelho.
Meu senhor
Desordem na cidade
Que vivas conosco.
Devorador de osso e de espinha
Matador sem defesa
Inimigo da mentira
Olho adaga de fogo
Bons olhos – adagas – me vejam.
Marcas de pedra de raio
Rei de Tremenda Majestade
Enforcado não enforcado
Abalador
Abalador
Raio com raio

ORIKI ORIXÁ

Duzentas e uma pedras de raio.
Quem o rejeita, foge.
Espanta o canto da intriga
Esfrega na terra a boca inimiga.
Abalador, ao som do tambor
Da cidade rei e senhor.
Com a cabeça do macho
Atinge o crânio da fêmea.
Acende o facho sobre casos de vintenas.
E viva o humor de Xangô.
Célebre na cidade
Marido de dezesseis
Tornou-se de todas elas.
Xangô, amor de Oiá
Epa, Oiá Encantada, ventania que corta as copas
Oiá da roupa de fogo.
Xangô, amor de Oxum
Ah água ijexá, xota d'Oxum
Cava areia, encova dinheiro
Enfeita filho com bronze.
Obá saudarei também
Obá do ciúme
Amor de Xangô
Na carne gravado.
Eu saudarei as dezesseis
Mulheres de Xangô,
A fera dos olhos bonitos.
Belos pêlos corpo e cabeça
Filho do rei que martela doenças
Filho do rei que martela a morte
Corpo que nunca perde força
Enforcado não enforcado
Desordem na cidade
Não lute comigo

Xangô, não me estranhe.
O feroz furioso com chuva
Olho de orobô
Bochecha de obi
Dono de elubô
Dono dos quiabos
Senhor do jabuti.
Xangô de Oió
Acorda e come carneiro
Acorda e come – um galo inteiro.
Te dou jabuti
Te dou quiabo
Xangô da veste vermelha
Te adorarei
Até o fim da minha vida.
Dono do dinheiro, Abalador
Que cospe fogo
Tem piedade de mim.
Meu dono
Dá-me ouvidos.
Xangô dos olhos que rasgam
Obakossô que manda no mando
Leopardo feroz que castiga o rebanho
Abalador que pune sem punição
Não lute comigo.
Não acho taxa para o despacho.
Célebre na cidade, enforcado não enforcado,
Não nos fira a tua ira.
Obakossô que come carneiro e cágado
Pai do mistério de duplo machado.
Meu Benfeitor
Leopardo feroz
Olhos adagas de fogo
Olho de fogo

ORIKI ORIXÁ

Boca de fogo.
Chuva enxurrada que arrasa inimigo
Que corre solta sobre suas casas
Que eu seja duzentas e quatrocentas vezes
Todas as tuas brasas.

(MOA, pp. 95-99)

ORIKI DE XANGÔ 5 (versão incompleta)

Xangô, falo de elefante
Senhor da mata sagrada
Senhor do pavor
Que vale por mil.
Quando Xangô chega
O chefe da casa corre
Atrás de carneiro.
Xangô que trova trovões
Luta como leopardo
Castiga e é aplaudido
Trai a casa do traidor.
Deus que deflagra a guerra
Alafim de Oió
Deus que não aceita desfeita
Marido de Oiá
Kabiessí ô.
Raio que racha pilão
Fera do olho-armadilha
Dansando ao bater do batá.
Raio que rasga o chão.
Leopardo lá no alto
Fuzilando com seu raio.
Filho de Oraniã,
Bruxo do felino preto.
Senhor do axé na palavra
Quando fala, a cidade cala.
Xangô, falo de elefante
Que a xota fraca
Não suporta.
Xangô do machado sagrado
Avança na seca e na chuva

ORIKI ORIXÁ

Rei que nunca recua
Meu olho te respeita.
Alisa tua lâmina quem é louco.
Rei em brasa, corpo de fornalha
Que ouve o elefante barrir - e sorri.
Pai dos pais de gêmeos.
Aquele que vê tudo tremer - e sorri.
Aquele que sorri
Sem mover o lábio.
Aquele que pune mãe e filho
Aquele que ninguém carrega.
Leopardo de Oió
Que se lava em sangue de carneiro
Que come duzentos orobôs por dia
Que descola os dedos da mulher
Que não lhe deu amalá
E que amalá não mais fará.
Todos - com pratos e prantos -
Pedem perdão a Xangô
Pela mulher do amalá.
Kabiessí, não provoquem Xangô.
O Rei não aceita desculpas.
Abalador, bebe azeite como água
Bebe sangue como vinho
Vai ao orum quando quer.

[. . . . . .]

Leopardo de olhar fixo
Que assusta o caçador.
Dono do labá que nos abala.
Aquele que não dá passagem a Exu.
Rei leopardo.
Quando fala, os conselheiros calam.

FLORES DA FALA

    Não me gele teu olhar de fogo.
    Amigo do raio
    Tranqüilo ou intranqüilo
    Orixá veloz como o vento.
    Orixá forte e feroz.
    Árvore que não morre.

    (MOA, pp. 104-110)

ORIKI DE OIÁ-IANSÃ 1

Leopardo que come pimenta crua.
Mulher de vestes vistosas.
Cabaça rara, diante do marido.
Eparrei!
O que Xangô disser
Oiá logo saberá.
Ela entende o que Xangô
Nem chegou a falar.
E o que ele quiser dizer
Oiá dirá.
Ê ê ê-par-rei!
Oiá, árvores desarvora.
Adeus, morte.
Minha mãe da roupa de fogo.
Nada de mentiras para ti
Nada de mentiras para ti.
As marcas na tua pele calam o alabé.
Oiá ô
Mulher neblina no ar.
Oiá, leopardo que come pimenta crua.

(MOA, p. 158)

ORIKI DE OIÁ-IANSÃ 2

Chega Oiá pra carregar chifre de búfalo.
Oiá dona do marido magnífico.
Mulher da guerra
Mulher da caça
Oiá encantada, atrevida que vai à morte com o marido.
Que espécie de pessoa é Oiá?
Onde ela está, o fogo aflora.
Mulher que olha como se quebrasse cabaças.
Oiá, teus inimigos te viram
E espavoridos fugiram.
Eparrei, Oiá ô
Temo somente a ti
Vento da morte.
Guerreira que carrega arma de fogo
Oiá ô, Oiá totô hmmm.
Ela apanha seus pertences num segundo
Num segundo – rápido – ela se arruma.
Fêmea que flana feito fulani
Parte com porte de cavalo no trote
Epa, Oiá dos nove partos, eu te saúdo.

(MOA, p. 156)

ORIKI DE OIÁ-IANSÃ 3

Iansã atrevida morre com o marido
Iansã se levanta com seu talismã
Luta sem culpa no mar com Olokum
Arruma rápido os seus haveres
Mulher que olha como se quebrasse cabaças
Iansã que entorna cabaça em Kossô
Iansã que pinta o pé com pó vermelho
Acende um fogo no ajerê que carrega
Esfrega na terra a testa do mentiroso
Floresta escura escuridão escura
Escura escuridão que nos devora
Vento da morte
Rompe-cabaça rompe-cerca mulher de Xangô
Com o dedo tira a tripa do mentiroso
Oiá totô hmmm.

(NVO, pp. 415-416)

FLORES DA FALA

ORIKI DE OIÁ-IANSÃ 4 (fragmento)

Ativa e altiva Oiá
No cesto um cento
De obis para o marido

Senhora do templo
Senhora do pensar
Ativa e altiva Oiá
Aceite a oferenda
Senhora do templo
É tempo de manjar

Oiá que faz a folha flutuar
Ventania que pariu o fogo
Na travessia da montanha
Oiá da roupa de fogo
Não devaste o meu lugar

Quem procura Oiá
No vaivém do mercado
Vai e vê que ela anda
De quitanda em quitanda
Mascando nacos de obi
E vibrando em vermelho

Oiá – brasa do batá
Lança de fogo
No jogo da dansa

(PAG, pp. 6-9)

ORIKI DE OIÁ-IANSÃ 5

Ê ê ê epa, Oiá ô.
Grande mãe.
Iá ô.
Beleza preta
No ventre do vento.
Dona do vento que desgrenha as brenhas
Dona do vento que despenteia os campos
Dona de minha cabeça
Amor de Xangô.
Duzentas e uma esposas
O seu amado domina.
Oiá é a favorita.
Um dia de guerra bastou
Para a sua glória.
Orixá que abraçou seu amor terra adentro.

Com o dedo tira a tripa do inimigo.
Oiá que cuida das crianças
Toma conta de mim.
Seu fogo queima como sol.
Ela dorme dansando
Ela desperta dansando.
Epa, Oiá ô.
Não me queime o sol de sua mão.
Ligeira mulher guerreira
Corre veloz o fogo de Oiá
Oiá veloz faz o que fizer.
Fêmea forte, com passos de macho
Moradora de Irá
Grande guerreira
Enérgica se ergue à mira do marido.

Vendaval e brisa.
Força de orixá que está no alto.
Oiá que vem à vila envolta em fogo.
Rara Oiá, rumores de amores com Ogum.
Aquela que dorme na forja.

Oiá na cidade, Oiá na aldeia
Mulher suave como sol que se vai
Mulher revolta como vendaval
Levanta e chama o vendaval
Levanta e anda na chuva
Assim é a grande Oiá
Eparipá, Oiá ô, hê-hê-hê
Firme no meio do vento
Firme no meio do fogo
Firme no meio do vendaval
Firme orixá
Que bate sem mover as mãos
Firme orixá
Que tomou o tambor para tocar
E com pouco rasgou o couro
Epa, vocês tragam mais um tambor
Firme orixá
Epa, ela dansou sob a árvore aiã
Eparipá, as folhas de aiã caíram todas
Orixá que é só axé
Castiga sem ser castigada
Dona do vento da vida.

Aquela que luta nas alturas.
Que doma a dor da miséria
Que doma a dor do vazio
Que doma a dor da desonra
Que doma a dor da tristeza.

Mulher ativa, amor de Xangô
Bela na briga, altiva Oiá.
Mãe lúcida.
Fecha o caminho dos inimigos.
Deusa que fecha as veredas do perigo.

Egungum de pé no pilão.
O que é isso?
Oiá espanta o babalaô, que nem apanha o seu ifá.
Oiá, tempo que fecha sem chuva
Fogo no corpo todo
Riscafaísca – fogo.
Oiá, corpo todo de pedra.
Com Oiá eu sou.
Com axé de Oiá na cabeça.
Minha cabeça aceitou a sorte.
Esse orixá me carrega no colo.

Amor de Xangô
Epa, senhora sem medo
De segredo de egum.
Ialodê
Espada na mão
Bela no batuque
Do tantã tambor.
Ventania que varre lares
Ventania que varre árvores
Não nos desarvore.
Epa Oiá, maravilha de Irá.
Quem não sabe que Oiá é mais que o marido?
Oiá é mais que o alarido de Xangô.

(MOA, pp. 164-171)

ORIKI DE OXUM

Oxum, mãe da clareza
Graça clara
Mãe da clareza

Enfeita filho com bronze
Fabrica fortuna na água
Cria crianças no rio

Brinca com seus braceletes
Colhe e acolhe segredos
Cava e encova cobres na areia

Fêmea força que não se afronta
Fêmea de quem macho foge
Na água funda se assenta profunda
Na fundura da água que corre

Oxum do seio cheio
Ora Ieiê, me proteja
És o que tenho –
Me receba.

(COA, pp. 82-83)

ORIKI DE OBÁ

Obá Obá Obá
Orixá do ciúme
Terceira mulher de Xangô.
O açoite do ciúme
Gravado na carne.
Fala da fama do marido
Move magos na madrugada
Come cabrito de manhã.
Discutindo com Oxum
Não foi a Kossô com Xangô.
Obá abraça os braços do marido
A parte do seu corpo que a prende
Obá sabe o que é bom.

(MOA, p. 264)

ORIKI DE IEMANJÁ

Iemanjá que se estende na amplidão
Aiabá que vive na água funda
Faz a mata virar estrada
Bebe cachaça na cabaça
Permanece plena em presença do rei.
Iemanjá se revira quando vem a ventania
Gira e rodopia em volta da vila.
Iemanjá descontente destrói pontes.
Come na casa, come no rio.
Mãe senhora do seio que chora.
Pêlo espesso na buceta
Buceta seca no sono
Como inhame ressequido.
Mar, dono do mundo, que sara qualquer pessoa.
Velha dona do mar.
Fêmea-flauta acorda em acordes na casa do rei.
Descansa qualquer um em qualquer terra.
Cá na terra, cala – à flor d'água, fala.

(NVO, pp. 297-298)

ORIKI DE OXUMARÊ

Oxumarê, braço que o céu atravessa
Faz a chuva cair na terra
Extrai corais, extrai pérolas.
Com uma palavra prova tudo
Brilhante diante do rei.
Chefe que veneramos
Pai que vem à vila velar a vida
E é tanto quanto o céu.
Dono do obi que nos sacia
Chega na savana ciciando feito chuva
E tudo vê com o seu olho preto.

(NVO, pp. 237-238)

FLORES DA FALA

ORIKI DE OMOLU

Ele desperta e presto apanha o patuá.
Elefante que fere não conhece ferida.
Nos achamos no mato e puxamos machado.
Esta árvore é odã ou não é?
Mete o machado e verás.
Ele vai devagar e dá na cara da criança.
Escorpião tem ferrão arqueado
Cobra não conversa com malcriado.
Ente potente.
Ele cai e – feito espinho – fecha o caminho.
Com a testa de Oluô ele mói elegbá
Com Ojubonã dilacera Xugudu
Mata um ijebu que tinha axé e voz dentro da boca.

(NVO, pp. 261-262)

ORIKI DE OXALÁ 1

Obatalá poderoso obá de Ejibô
Obatalá dono do axé
Obá de Tapá na corte de Iranjé

Ele dá a quem tem e toma de quem não tem
Fala tranqüilo e tranqüilo cala
Olha de lado sem que se veja
Retira o filho da armadilha
Desfaz a mão do malfeitor
Quando tem comida, nos dá de comer

Obá dos dias de festa
Dono do alá todo alvo
Obá certo como a sorte de Ifá
Obá que nada esquece
Do seu trono fratura e esfrangalha
O olho malfeitor
Dono de Iemanjá da xota exata

Ele come rato como Onerém
Ele come peixe como Oniguerê
Dono de uma cadeia no orum
Ele sustenta quem não mente

Obatalá marido de Iemanjá
Obatalá mestre dos corcundas
Obatalá mestre dos albinos
Obatalá marido de Iemanjá

Vigoroso como um camelo
Amparo soberano do mundo humano
Desata o alá e o dá a uma criança.

(NVO, pp. 467-468)

ORIKI DE OXALÁ 2

Obatalá Obatarixá
Grande comedor de caracol
Faz o vivo virar vários
Verso e reverso do universo
Oleiro de crianças
Pedra no fundo da água

Oliuá ió xenxém
Cuida do ori de quem merece
Faz o estéril fértil
Cuida do ori de quem merece

Envolto no branco do branco
Dorme no branco do branco
De dentro do branco rebrilha
Ilumina o rumo do rumo

Senhor completo
Senhor total
Pai

(COA, p. 47)

GLOSSÁRIO

Afonjá - nome, tipo ou "qualidade" de Xangô; dele é o terreiro Axé Opô Afonjá, venerado "egbé" da Bahia, hoje sob as graças da ialaxé Stella de Oxóssi.
Agbô - nome ou "qualidade" de Exu.
Aiã - árvore ligada ao culto de Xangô, na qual ele teria se enforcado-não-enforcado.
Aiabá - rainha, senhora.
Ajerê - cesto, receptáculo; cerimônia "na qual os iniciados em Xangô devem carregar na cabeça uma jarra cheia de furos, dentro da qual queima um fogo vivo. Eles não se sentem incomodados por esse fardo ardente, demonstrando, através dessa prova, que o transe não é simulado" (*Orixás*, Pierre Verger).
Ajokeopô - "Suminiuá, Ajokeopô", do Oriki de Ogum, pode ser, segundo Olabiyi Yai, o "oriki" do "performer".
Akô-Irê - v. Irê.
Alá - o pano branco, imaculadamente limpo, alvíssimo, de Oxalá (Obatalá, Orixalá, Obatarixá).
Alabé - tatuador profissional; aquele que faz tatuagens.
Alafim - rei.
Alaganju - ou "Aganju", tipo de Xangô (v. a canção "Babá Alapalá", de Gilberto Gil, "hommage" a um "egum" (ancestral morto) filho de Xangô Aganju).
Amalá - caruru feito em oferenda a Xangô.
Axé - o poder de um orixá, a força, a dinâmica, o princípio-energia do vir-a-ser; os terreiros existem para gerar, acumular e transmitir "axé", garantindo assim não só a sua sobrevivência, como a continuidade da vida na Terra.

Babalaô - de "babaláwo"; literalmente, pai-do-segredo ("baba" = pai; "awo" = segredo); é a designação do sacerdote do orixá chamado Ifá, o oráculo iorubano.
Batá - tambor iorubá.
Benin - região da costa ocidental africana; Daomé; cidade daomeana.
Bará - Exu; Exu-Bará.

Ebó - oferenda, "despacho".
Egum - "espírito" ancestral que, devidamente "trabalhado", volta à terra ("ilu

aiyê") para rever, saudar e orientar os seus descendentes.
Ejibô - cidade iorubana onde se encontra o templo principal de Oxaguiã ou Oxalaguiã (um Oxalá jovem e guerreiro).
Eku - roupa de egum.
Elebô - quem faz ou leva o "ebó"; há uma curiosa formação lingüística no português do Brasil: "ebozeiro" (desinência lusa para um vocábulo nagô).
Elubô - espécie de farinha; "polvo de ñame" (L. Cabrera).

Fulani - povo africano.

Ifá - com inicial maiúscula, o oráculo nagô-iorubá; com minúscula, o colar da prática divinatória usado pelo babalaô.
Ialodê - senhora, "lady".
Ijebu - um "subgrupo" iorubá.
Irá - a cidade de Oiá-Iansã.
Iranjé - a cidade de Oxalá, informa E. Bolaji Idowu (*Olodumare - God in Yoruba Belief*).
Irê - cidade africana saqueada por Ogum, que matou o rei local e se retirou ostentando o título de Onirê (rei de Irê). Em Irê está o centro do culto de Ogum em terras africanas.
Ijexá - região de Oxum, na Nigéria, cortada pelo rio do mesmo nome; "subgrupo" iorubá.

Kabiessí, Kabiessí ô - da saudação ao orixá Xangô, Kawó Kabiyèsí (venham ver o Rei), corrente nos terreiros de candomblé do Brasil.
Kossô - "bairro" ou "distrito" que Xangô fez construir em Oió, capital do reino do mesmo nome.

Labá - "...bolsa de couro enfeitada com contas multicoloridas que os sacerdotes de Xangô usam para recolher e transportar as 'pedras de raio'. Fica guardada acima do assentamento de Xangô", explica Sàlámi. E Agenor Miranda Rocha: "Xangô usa o labá que é um saco de couro, onde ele guarda as pedras que são pedaços do seu próprio corpo".
Lagunã - Exu.

Laroiê - Exu; saudação a Exu.

Melekê - tipo ou qualidade de Exu.
Molamolá - provavelmente, qualidade de Ogum.

Nupê - povo africano, também chamado tapá.

Obá - "orixá do ciúme"; com "o" maiúsculo, para distingui-la de obá, rei. Em iorubá, os vocábulos se distinguem tonalmente, com o "a" do orixá em tom baixo e o "a" de rei em tom médio.
Obakossô - senhor (obá) de Kossô.
Obatalá - Rei do Manto Branco, Oxalá.
Obatarixá - Oxalá.
Obi - fruto empregado em oferendas e na adivinhação.
Oboró - qualidade de Ogum.
Odã - um *ficus*; "a kind of banyan commonly planted in the street to afford shade", segundo o dicionário Oxford inglês-iorubá/iorubá-inglês.
Ofá - o arco-e-flecha de Oxóssi, Rei de Ketu, senhor dos caçadores.
Oió - poderoso reino iorubano.
Ojubonã - (?)
Oliuá ió xenxém - segundo Sàlámì, "forma hermética de invocar Oxalá".
Olokum - literalmente, "dono do mar" (em iroubá, mar = òkun); pai de Iemanjá.
Oluaxó - dono da roupa (axó); dono do manto real.
Oluô - "a title in the Ogboni cult" (Oxford); adivinho.
Onerém - (?)
Oniguerê - (?)
Onirê - Ogum, Rei de Irê.
Ori - cabeça física do ser humano, mas também, e talvez principalmente, uma espécie de "inner-head" (W. Abimbola); sorte, fortuna, destino. Antonio Olinto frisa que, na tradição iorubá, cada um tem a cabeça que escolheu. E mais: "tudo começa na cabeça e nela termina".
Orobô - fruto utilizado em oferendas e na adivinhação.
Orum - o além; o mundo invisível, reino dos ará-orum (habitantes do além).

Pedra de Raio - signo do poder de Xangô, como o duplo machado (oxê); em sua cólera justiceira, o orixá lança pedras de raio (edum ará) sobre as casas daqueles que merecem ser punidos.
Pongá - (?)

Suminiuá - ver Ajokeopô.

Tapá - ver Nupê.

Xugudu - "el dios perverso", de acordo com Lydia Cabrera, em *Yemayá y Ochún*.

ORIKI AGORA

Tempos atrás, encerrei um ensaio sobre o oriki falando da perspectiva de extinção do gênero. Havia motivos. Fortes. A modernização urbano-econômica de um país como a Nigéria, por exemplo, providenciava por si mesma a liqüidação da "ecologia" do oriki. Além disso, a África entrara quase que globalmente em parafuso, num catastrófico processo de desmantelamento, inviabilizando sua integração aos blocos "avançados" do mundo. A situação era a pior possível. O que, de resto, me levou a dizer que, no final do século XX, o futuro das culturas negro-africanas estava sendo jogado do outro lado do Atlântico - nas Américas. Para reforçar minha visão "apocalíptica", recorri então ao historiador Bólánlé Awé. Awé apontava a concorrência de alguns fatores para atravancar seriamente e mesmo estancar em definitivo a produção e a transmissão de orikis na sociedade iorubana. Reproduzo a seguir o que escrevi na época:

"De início, uma cadeia natural foi rompida. Os tradicionais transmissores de orikis estão morrendo - e nada de aparecerem os seus esperados substitutos. O antigo sistema de moradia - que reunia, num mesmo âmbito residencial, as mulheres velhas e as novas de uma família, permitindo que as primeiras ensinassem às últimas os *oríkì orílè* - vai sendo destruído gradual mas irrevogavelmente, acarretando a liqüidação de um precioso repositório textual. Além disso, deslocados pelas estrelas musicais da cultura de massa, os cantores e tocadores profissionais de orikis viram o seu antigo prestígio se dissolver no ar, a ponto de hoje serem pura e simplesmente confundidos com os mendigos que circulam pelas cidades e estradas nigerianas. Aconteceu ainda, prossegue Awé, a introdução de novos códigos e normas de moralidade naquele mundo africano. Valores e predicados que em outros tempos eram gloriosamente celebrados nos orikis de linhagem já não são socialmente aceitáveis nos dias que correm. Descendentes atuais de personalidades notáveis da velha vida iorubana se esforçam para suprimir, dos orikis de seus ancestrais, passagens que hoje causam pesado mal-estar. São especialmente visados, nessas inciativas imbecis de expunção ou expurgo textual, aqueles orikis que louvam grandes chefes guerreiros que matavam, sem a menor tintura de piedade cristã, os adversários que cruzavam os seus caminhos. Enfim, mudou inteiramente o meio ambiente cultural. Tudo, ou quase tudo, converge para o apagamento progressivo do oriki. E não se deve menosprezar, nesse curso de abatimento e dissipação dos orikis, o estatuto hoje conferido, naquelas regiões, ao texto oral, extraliterário, não-europeu. Na África, anota Karin Barber, andam juntos e são vias de projeção social o aprendizado da escrita e a adoção da linguagem e da cultura dos antigos poderes coloniais. O sistema educacional formal orienta a juventude em direção aos padrões vigorantes nas ex-metrópoles, que perpetuam por outros meios sua função metropolitana dominadora. No centro: o texto escrito. 'Literatura oral' é coisa de épocas ultrapassadas ou de 'primitivos contemporâneos'. A situação política do texto oral é, por conseqüência, a pior possível. O quadro é de completa marginalização. No Brasil, onde o oriki foi desde sempre marginalizado, ignorado pela elite letrada, a situação não seria melhor. Os orikis vêm mais e mais desaparecendo. E, com o desaparecimento dos falantes fluentes de língua iorubá, entre nós, os orikis sobreviventes ganharam a dimensão de enigmas lingüísticos. Dificilmente são compreendidos nas comunidades em que ainda emitem algum sinal de vida. É provável que num futuro próximo, tanto na África quanto no Brasil, restem apenas, da admirável massa oral dos orikis, gravações e transcrições. Rastros na imagem, no som, na letra. Rastros no espírito."

É claro que a situação não mudou de uma hora para a outra. Não se trata disso. O problema é que o quadro acima descrito, com toda a sua ênfase "apocalíptica", é apenas parcialmente correto. Não dá conta de outras faces da questão. Protesto aí contra o caráter culturalmente predatório do processo de ocidentalização da Iorubalândia e, ainda, contra a marginalização da cultura iorubá no Brasil, o que está certo. É um protesto adequado e justo, formulado em relação a realidades inegáveis. Mas acontece que, no instante mesmo em que fiz o gesto crítico, acabei passando ao largo de algo que é fundamental – isto é, do que se produziu de novo em ambos os lugares, trópicos de África e trópicos brasileiros. Não é que eu deva agora simplesmente trocar de posição, invertendo os sinais algébricos para adotar uma perspectiva "integrada", como diria Umberto Eco. O que é preciso é colocar a discussão em outros termos. Ampliar o foco de leitura. E é justamente isso o que vou tentar fazer nos parágrafos seguintes.

Antes de mais nada, assinalando uma estranha miopia. Fala-se muito, nos meios ilustrados do planeta, em "decadência da cultura oral". Bem vistas as coisas, esse sintagma cristalizado, circulando largamente em conversas e escritos intelectuais, não faz sentido algum. Não encontra correspondência em fatos. E é em seu contexto que brota, obviamente, o tema da decadência da poesia oral na sociedade industrial-tecnológica. Mas do que é mesmo que estão falando? Vivemos hoje imersos num universo cultural que é, entre outras coisas, fortemente oral. Presidentes enviam suas mensagens "pessoalmente" pela televisão, devotos lotam templos para orar e ouvir prédicas, automóveis passam com seus rádios ligados, neuróticos e neuróticas de todo o mundo abarrotam escritórios de psicologia para tentar a cura pela palavra falada, professores discursam da manhã à noite em suas salas de aula, gente de todo tipo se reúne em congressos e seminários para falar sobre os temas mais esdrúxulos, conferencistas profissionais proliferam como insetos zumbidores, gurus repetem sílabas mágicas e por aí vai, que a lista de exemplos pode não acabar nunca. E por que falar de decadência ou extinção da poesia oral? Não é poesia oral o que fizeram ou fazem Cole Porter, Lamartine Babo, Jimi Hendrix e Caetano Veloso? Os Beatles e os Rolling Stones? Bob Dylan e Chico Buarque? Os cultores do *sprechgesang* e do *rap*? Claro que sim. E durma-se com uma decadência dessas... Na verdade, confesso que sempre fico algo surpreso quando começo a *ouvir*, numa festa ou num simpósio, alguém *falar* dessa estranha forma de decadência, cujos produtos estão presentes em todos os cantos e recantos onde por acaso ou por necessidade dou de me encontrar.

O que se quer mesmo dizer, com o clichê da "decadência do oral", só pode ser então uma outra coisa. Aponta-se para o desaparecimento ou a perspectiva de desaparecimento (ou de transformação/desdobramento) de determinadas personagens e espécimes textuais, ambas histórica e culturalmente delimitáveis. Trata-se então de um processo específico, particular, e não de um fenômeno global. Há, portanto, que discriminar. Não é exatamente a oralidade que se apaga aos poucos, agonizando no meio do cosmo semiótico, mas uma certa manifestação singular sua, que habitava o rico e dilatado horizonte da criação oral. Além disso, não podemos confundir a mudança ou a metamorfose de uma determinada forma cultural com o seu desaparecimento. Ou, ao contrário, tecer um mito-de-pureza em torno do que nunca foi puro – e sim que, ao lado das velhas impurezas de sua formação, ostenta agora as impurezas novas do presente. É por isso que temos que matizar a leitura, procurar uma angulação mais abrangente, se desejamos discutir de modo menos estreito a presença de orixás e orikis na sociedade de massa. Ou, mais amplamente ainda, na contração elétrica da assim chamada "aldeia global", onde todo e qualquer código, ou fragmento de código, corre, permanentemente, o risco de se planetarizar.

Orixás na sociedade contemporânea, antes de mais nada. Elementos fundamentais da dimensão simbólica da vida social, os deuses são, ao menos para quem se situa fora do campo gravitacional dos credos, criaturas claramente históricas. Achando-se em contexto diverso daquele em que nasceu, um deus deve estar sempre pronto para se modificar, em resposta às novas realidades com que se defronta. É assim que um deus caçador milenar, que ostentava seu arco e sua flecha sagrados, pode despontar um dia empunhando uma espingarda ou um fuzil. De uma perspectiva histórica, a visão de um deus-guerreiro tribal portando uma metralhadora automática, nada teria, em princípio, de escandaloso. Os deuses não existem ao abrigo das mutações humanas. Em terreno africano, nagô-iorubá, o caso de Ogum é paradigmático. Como outros orixás, Ogum é, atualmente, um deus metacultural. Ele ainda existe em sua terra natal, mas também se desprendeu dessa base geográfica, internacionalizando-se. De uma parte, a Nigéria também não é mais a mesma; modernizou-se, ao menos parcialmente. De outra, o orixá atravessou o mar oceano para ter adeptos no Brasil, nas Antilhas e, mais recentemente, nos EUA. Podemos assim chamar a atenção para duas linhas básicas de modificação que o atingiram. Por um lado, modificação provocada pela inserção do orixá numa formação histórico-social específica (a sociedade brasileira, a haitiana, etc.). Por outro, modificação resultante de transformações no instrumental tecnológico da humanidade.

Ogum se modificou, por exemplo, em função da contextura histórico-social do Haiti, onde é chamado "Ogou". Sigo, neste passo, a leitura de Karen McCarthy Brown. De um ponto de vista geral, o que ela enfatiza, ao falar da continuidade das religiões africanas nas Américas, é que os "elementos que são retidos como uma herança do passado são submetidos a redefinição e reestruturação sistemática e contínua, processo do qual emergem novas formas culturais" – "the current Haitian Ogou is one such form". Este Ogou haitiano, embora tenha suas raízes no Gu ou Ogum dos povos daomeanos-iorubanos, "não é uma simples reprodução dessas divindades africanas". No Haiti, a concepção do ferreiro divino praticamente desaparece sob a do soldado. E isto, a predominância do imaginário militar, é uma decorrência, óbvia, da poderosa dimensão político-militar que, da revolução setecentista de Toussaint L'Ouverture aos regimes ditatoriais do século XX, asfixia a vida haitiana. Emblemas dessa dimensão se espalham pelos templos do vodu, sob a forma de objetos ou pinturas: bandeiras, canhões, etc. Enfim, a *imagery* política e militar "penetrou até ao coração da linguagem simbólica do vodu sobre Ogou", escreve McCarthy Brown. As canções haitianas para o deus não se cansam de apresentá-lo como soldado – e um soldado que não precisa ser alertado, pois está sempre em posição de combate, pronto para a guerra. Arriscando uma interpretação mais ampla, a estudiosa observa: "No Novo Mundo, na escravidão, na revolução e nos tempos caóticos que a seguiram, na moderna experiência de opressão política e, para alguns, ...na vida de gueto em Nova York, guerra se tornou metáfora da própria vida". Na manifestação haitiana de Ogum, portanto, antes que o desempenho tecnológico, o que prepondera, como tema central, tecido via imagética militar, é a questão do poder, em seu sentido estrito de relação de força baseada fundamentalmente na violência.

Mas, do mesmo modo que se alterou especificamente ao longo da formação histórica da sociedade hatiana, Ogum se modificou também numa escala genérica, multinacional, enquanto deus tecnológico - vale dizer, incorporou, ao tradicional arsenal metalúrgico sob sua jurisdição, novas tecnologias que vieram e vêm transformando a vida humana. Na verdade, o próprio fato de Ogum surgir como senhor da tecnologia do ferro já o caracteriza como uma perturbação divina no orum pré-metalúrgico. Há uma interessante narrativa a esse respeito. Uma disputa divina em torno da necessidade do ferro, envolvendo os orixás Ogum e Nanã Buruku, a mais antiga das divindades da água, senhora das águas paradas e dos pântanos. Nessa controvérsia, Nanã Buruku, mulher idosa, discursa em nome do mais remoto tradicionalismo, quando contesta a tese de que o ferro seja indispensável à vida social - divina ou humana. A narrativa é reproduzida por Pierre Verger, em seu *Lendas Africanas dos Orixás*. Aí se fala de uma roda onde os orixás se encontram reunidos, discutindo as suas virtudes e os seus poderes. A certa altura, eles dizem que é graças aos instrumentos produzidos na forja de Ogum que podem viver. Nanã Buruku, a própria personificação da antigüidade, protesta. Afirma que não renderá homenagem alguma a Ogum, o leão da floresta fechada. E que, a partir daquele dia, não utilizará nada que seja fabricado por Ogum, e, ainda assim, realizará tudo o que quiser e for necessário. É por isso que mesmo os animais oferecidos a Nanã são sacrificados com uma faca de madeira, não de metal. Seus "filhos", mesmo hoje, recusam o ferro. E o que vemos nessa contenda, em resumo, é um litígio que simboliza a reação conservadora diante da inovação metalúrgica.

Ogum é, portanto, a encarnação do novo. A cristalização sígnica de um processo de deificação de uma transformação tecnológica. E nada mais natural que ele, em algum tempo convertido em orixá da tecnologia do ferro, continuasse se transformando em função de novas transformações ocorridas no mundo da tecnologia. De fato, não faltaria material para reflexão ao antropólogo que se dispusesse a compor um estudo abordando a relação entre Ogum e os novos equipamentos tecnológicos surgidos com a sociedade industrial. Numa direção, ele poderia acompanhar a reelaboração de elementos mais estáveis que formam a figura do deus, em função da realidade atual. Para se ter uma idéia, as auto-estradas são vistas hoje na Nigéria como coisas de Ogum, por conta deste orixá ter aberto picadas na floresta em tempos remotos. Em outro sentido, pode-se observar como a representação chamada Ogum vai incorporando, à sua configuração, o maquinário estritamente moderno que se produziu a partir da Revolução Industrial. Sandra T. Barnes foi direto ao assunto: "Ogum é popularmente conhecido como deus da caça, do ferro e da guerra. Hoje, entretanto, seu domínio se expandiu para incluir muitos novos elementos, da moderna tecnologia à segurança nas auto-estradas – qualquer coisa envolvendo metal, perigo ou transporte". Robert G. Armstrong, por sua vez, constatou: "O culto de Ogum é altamente elaborado na região iorubá e mostra surpreendente vitalidade entre pessoas diretamente relacionadas com a tecnologia moderna". A plasticidade do velho Rei de Onirê é, portanto, um fato incontestável. Num dos cantos de ijalá colhidos por Adeboye Babalola, performance de Ráájí Ògúndiran Àlàó, o artista declara: "Àrà l'emi 'n f'Ògún-ún dá". Algo assim como "inovações comigo Ogum criar". Comentário de Babalola: "...an assertion that the *ijálá* artist's devotion to Ògún led him to giving innovative performances of Ògún's entertainment". Numa tradução poética, respondendo à trama do texto original, poderíamos ter: "O novo é meu jogo com Ogum". E se Ogum muda, por que não mudariam os seus orikis?

Sim: do mesmo modo que os orixás, os orikis também experimentam mudanças. Inovações vocabulares, temáticas, formais, mas também inovações midiáticas, já que sua transmissão não se encerra mais no âmbito estrito dos antigos meios ou canais de comunicação da sociedade tradicional iorubana. Muda o mundo, mudam os deuses, mudam os textos que tematizam/condensam as personalidades e peripécias das personagens extra-humanas, mudam as vias de circulação textual. E não poderia ser de outra forma, obviamente: o que confunde um pouco as coisas é que há uma tendência estético-intelectual a considerar legítimas modificações ocorridas no passado e espúrias modificações que estão em curso no presente, afetando o aqui e agora da criação. Mas é uma postura geralmente arbitrária - e, mais que isso, museológica. Em sua forma mais extrema, essa atitude celebra a inovação transata e tenta estrangular a inovação corrente. Não faz sentido. Entre os iorubanos, não só encontramos a comparação entre signos centenários e objetos recentes - "Ofà ni mógàfí ìbon"/ "Ofá é o seu fuzil" (*ibon* - rifle, espingarda, fuzil), diz um oriki de Oxóssi -, como artefatos novos podem ser inclusive sacralizados, no caso em que, por exemplo, o rifle de um caçador seja encarado, em determinado momento-conjuntura, como um altar temporário de Ogum. Mas não se trata somente de objetos, é claro. Signos entram no circuito. É assim que o islamismo e o cristianismo hoje participam do espaço intertextual de que nascem os textos criativos iorubanos. E são explicitamente referidos, como se pode ver no texto de uma cantiga de Xangô reproduzida por Karin Barber, onde a devota ameaça transferir sua devoção para Oxum ou mesmo se tornar cristã, *sègbàgbó*, caso não receba as bênçãos do orixá do trovão: "Sàngó bó ò gbè mí n ó lo rèé sègbàgbó" - "Xangô, se não me abençoares, vou virar cristã".

    Comentando o declínio geral do mecenato de reis e chefes na África, Ruth Finnegan adverte que isto não se deveu de modo algum a um desinteresse crescente pela poesia ou, em especial, pelos (inadequadamente) chamados *praise poems*. Estes continuam a vicejar, só que em novo contexto, por outros meios e sob o patrocínio de novos mecenas - ou patrões. É que as velhas cortes, os clássicos e legendários círculos palacianos, tornaram-se menos e menos atrativos e lucrativos para os poetas profissionais, à medida que foram se esvaziando enquanto centros de poder político e econômico. Nesse ritmo, os poetas voltaram seus olhos para novas direções e tocaram a bater o bumbo em outras praças, passando a se movimentar na esfera das forças emergentes, incluindo aí os meios eletrônicos de comunicação de massa. Em vez de *praise poems* para reis e chefes do mundo tradicional, loas e louvores se deslocam agora para o espaço africano "moderno", aplicados na celebração de líderes políticos e candidatos partidários, por exemplo. Os *praise poems* vão se convertendo assim, entre outras coisas, numa espécie africana de *jingle* de campanha eleitoral. São ouvidos nas estações de rádio e nos comícios.

Podem aparecer *impressos* em jornais e peças publicitárias – migração semiótica do oral para o escrito e a escrita impressa que é da mais alta significância, do nosso ponto de vista: o ingresso do *praise poem* na galáxia de Gutenberg. E, por fim, são lançados no mercado de discos, sob a chancela de companhias fonográficas comerciais: o ingresso na *global village* mcluhaniana.

Os iorubanos não ficaram de fora do processo. Pelo contrário, mergulharam fundo na maré inovadora. "Mesmo os gêneros iorubanos mais autoconscientemente tradicionais têm sido reproduzidos em massa e disseminados pelos meios eletrônicos", escreve Christopher Waterman em seu estudo da chamada *juju music*, a canção comercial nigeriana que foi retrabalhada entre nós por Caetano Veloso, na composição *Two Naira Fifty Kobo*. Foi assim que, para a provável surpresa de muitos, os orikis atravessaram a parafernália tecnológica dos estúdios de gravação e da indústria do disco, irradiando-se massivamente pelas ondas eletromagnéticas do rádio e tomando conta da tela sempre algo azulada dos aparelhos de televisão. Comenta Waterman que, quando *oriki groups* fazem gravações comerciais ou aparecem no rádio (e nunca foi tão adequada, como aqui, a metáfora do rádio como tambor tribal) e na televisão, eles retrabalham os materiais tradicionais, a fim de alcançar, encantar e seduzir auditórios mais numerosos e conseqüentemente bem heterogêneos. É natural: vimos coisa parecida, no Brasil, com o samba e o baião, este redimensionado em termos urbano-industriais pelo sanfoneiro Luiz Gonzaga. Desse modo, a banda que executa orikis, no espaço da cultura de massa, organiza um *corpus* verbimusical padronizado, simplificado para efeitos de desempenho midiático e repercussão massiva. Em outros termos, partem para uma síntese, uma versão concentrada, daqueles longos recitativos tradicionais acerca de cidades, eventos, fenômenos, pessoas, deuses ou linhagens.

Waterman afirma que não se trata de mera falsificação. "Embora seja tentador atribuir esta mudança no desempenho unicamente ao impacto da tecnologia ocidental, a flexibilidade do oriki contemporâneo está claramente enraizada nas normas e técnicas da performance tradicional", escreve ele, baseando-se nas teses de Karin Barber que discutimos anteriormente. Em princípio, está correto: a atualização concreta de um oriki admite variações – incluindo cortes, versões concentradas –, jogando sempre em relação às circunstâncias de sua emissão. Waterman não nos diz é se, além de orikis genealógicos, os grupos executam orikis de orixá. O que ficamos sabendo, pelos dados que ele fornece, é que também os gêneros ijalá e ìwì egúngún (cantos poéticos do culto aos ancestrais históricos) circulam nos *mass-media*. São *mass-reproduced*. E isto significa que signos referentes ao orum transitam com sucesso pelo aiê. Nas palavras de Waterman, aliás, o canto de egum (ou "babá", como se diz mais comumente no Brasil, "babá egum") é um "perfeito candidato para ampla disseminação via reprodução em massa". O que não deixa de nos fazer lembrar o Gilberto Gil de *Babá Alapalá*, composição na qual o poeta se filia simbolicamente a um *egúngún* iorubano, Alapalá, ainda hoje cultuado no Brasil.

Mas vamos falar um pouco, também, da peripécia dos orikis na diáspora atlântica. Em meio àquela *Tanzmusik*, "musidança", que Heine imaginou ressoar a bordo do *Sklavenschiff*, o "navio negreiro" do romantismo alemão (anterior, aliás, ao de Castro Alves, composto quase vinte anos depois do fim do tráfico escravista), a gente nagô-iorubá trouxe seus orikis para as Américas. É certo que, com o passar do tempo e o esquecimento gradual da língua, também os orikis foram desaparecendo. Resistem, a bem da verdade, ali onde a língua iorubá também resiste: na esfera do sagrado; na vida cultual. A *praxis* litúrgica explica a permanência dos orikis de orixá, embora muitas vezes os devotos tenham apenas uma noção geral do sentido do texto, retendo do agrupamento sígnico quase que somente uma aura semântica, se assim se pode dizer. Seja como tenha sido, orikis de orixá ainda são cantados hoje no Brasil – e em iorubá. Recentemente, aliás, passei uma tarde na Casa de Xangô, no Axé Opô Afonjá, conversando sobre o assunto (e sobre a dificuldade de traduzir do iorubá para o português) com a ialaxé Stella de Oxóssi, Odé Kayodé. E o fato é que os orikis não apenas sobrevivem em nosso meio. Eles também afloram na produção textual dos trópicos americanos, de Cuba ao Brasil.

Comentando o assunto tempos atrás, em conversa com Olabiyi Yai, ouvi dele que o oriki bem pode ser visto como uma espécie de *poética subterrânea* atuando no espaço do texto criativo no Novo Mundo. Acrescentei então que talvez devêssemos falar até mesmo de neo-orikis, especialmente em relação à poesia de nossa música popular. E continuo pensando assim.

Que se pense, por exemplo, em nossos orikis ficcionais. No romance de Jorge Amado, eles despontam com freqüência. Mas, antes, façamos um lembrete. Chamamos "oriki" não somente ao texto completo, ideogramicamente configurado. Oriki é também a denominação corriqueira da frase (ou das frases) mais marcante(s), mais saliente(s), elaborada(s) para delinear incisivamente esse ou aquele objeto. Nesse sentido estrito, e para fazer referência ao campo da produção literária, é possível tratar o oriki como uma espécie de equivalente nagô do epíteto homérico. Assim como no texto grego Palas Atena é a deusa dos olhos verde-mar, no texto iorubano Oiá-Iansã é a deusa que dorme na forja, ou a deusa que possui fogo – e com fogo se cobre. É a esse último sentido, mais estrito, de construção epitética, que estarei me referindo nessa breve excursão literária.

Podemos assim apontar para a presença/repercussão das fórmulas verbais iorubanas no texto de Jorge Amado. Num romance como *O Sumiço da Santa*, por exemplo, livro publicado pelo escritor brasileiro no ano em que seus conterrâneos celebraram a passagem do centenário da Abolição da Escravidão. Vou destacar do *Sumiço* três construções frásicas aparentadas, construções marcadas pelo paralelismo, que remetem aos epítetos da textualidade iorubá. É evidente que um rastreamento semelhante pode ser feito em outros livros de Jorge, desde *Mar Morto*, por exemplo. Mas vou me ater ao *Sumiço*. Nas primeiras cinqüenta páginas do livro, encontramos: a) "Oyá, ventania que arranca as árvores e as joga longe"; b) "Oyá, doce brisa que afaga a face das crianças e a dos velhos"; c) "Oyá Iansã, a iabá que não teme os mortos e cujo grito de guerra acende crateras de vulcões no cimo das montanhas". O que temos aí, nos três exemplos citados, são construções epitéticas. É o *ónoma epítheton* – o "nome acrescentado" – de que falavam os gregos. Isto é: uma frase atributiva, que qualifica a divindade. No caso, Oiá Iansã, senhora dos ventos e dos relâmpagos, vibrando em vermelho no vaivém do mercado.

É possível encontrar, em dicionários de "arte poética", uma definição bastante estreita, que vê o epíteto como um adjetivo que se limita a mencionar uma qualidade intrínseca do objeto adjetivado. "Neve branca", por exemplo. Mas o que tenho em mente aqui, para efeitos de comparação, é o epíteto tal como vamos encontrá-lo nos textos fundadores da literatura ocidental. O epíteto tanto pode ser um adjetivo quanto uma frase. Odisseu, o artificioso; Circe de ricas tranças, deusa terrível, de humana linguagem; e assim por diante. Do mesmo modo, no texto iorubano: Iemanjá, a deusa que se estende na amplidão; Xangô, o Abalador, a Fera Faiscante, *àkàtà yeriyeri*, leopardo feroz que castiga o rebanho, etc. E são frases dessa espécie, caracteristicamente epitéticas, as que recolhemos no romance de Jorge Amado. "Oyá Iansã, a iabá que não teme os mortos", por exemplo, epíteto referente à relação especial de Iansã com os eguns, os espíritos ancestrais (Iansã, como se sabe, é o único orixá que enfrenta e controla os mortos). Iansã é também capaz de cuidar das crianças pequenas e de rejuvenescer os velhos, como aprendemos com seus orikis. E o que escreve Jorge no *Sumiço*? "Oyá, doce brisa que afaga a face das crianças e a dos velhos." Ora, essa é uma linha da poesia mais tradicional dos nagôs. E o mesmo se pode dizer da outra frase antes referida – "Oyá, ventania que arranca as árvores e as joga longe". Diversos textos africanos falam de Oiá-Iansã como o vendaval que corta a copa das árvores. Oiá – *efúfu lèlè*: a Grande Ventania. Está nesse espaço semântico, aliás, um dos "versos" mais notáveis da tradicional poesia iorubana: "Oya, àrígi dági". Síkírù Sàlámì traduz por "Oya que usa uma árvore para derrubar outras". Mas não dá. O original iorubano é um prodígio de concisão. De compressão vocabular e cerrada tessitura fonológica: *àrígi dági – gi*, de *igi*, "árvore"; *dági – dá* (verbo: arrancar, derrubar) e *gi* = arrancar árvores. E isso sem falar no jogo tonal. Na modulação dos "aa". Temos aí três palavras, em cada palavra um "a" e cada "a" em um tom. "Oya" – tom médio; "àrígi" – tom baixo; "dági" – tom alto. É intraduzível. Podemos talvez recorrer ao verbo "desarvorar" – no sentido de abater, derrubar – e arriscar um "Oiá, árvores desarvora"...

. Mas voltemos ao romance de Amado. O texto nagô aflora, irrompe no texto do romancista baiano. E isso a ponto de podermos falar de Jorge, em alguns momentos, como de um tradutor ou um recriador brasileiro de epítetos africanos. Alguém pode perguntar se Jorge Amado tem algum conhecimento dos orikis. A resposta é positiva, claro. Seu amigo Pierre Verger organizou, por sinal, a maior antologia de orikis que conheço. Orikis são sempre citados por Verger – e Jorge já prefaciou livros desse fotoetnógrafo franco-baiano. Além disso, Jorge é um homem do candomblé, filho do orixá Oxóssi. Ou seja: nosso romancista joga num espaço textual que conhece muito bem, de livros e de sua longa vivência em terreiros. Mas a verdade é que um escritor, plantando-se no campo da intertextualidade – ou, mais precisamente, da *intervocalidade* – baiana, pode enveredar por essa seara poética sem ter consciência disso. Sem que saiba exatamente o que é um oriki, pode não só ter orikis cruzando a superfície de seu texto, como compor organismos verbais que remetam à criação poética iorubana. Dou o exemplo de João Ubaldo Ribeiro. Em *Viva o Povo Brasileiro*, obra-prima da criação textual em nossos trópicos, ele recria a Guerra do Paraguai nos termos de uma Ilíada Negra. Assim como os deuses gregos participam de lutas e refregas, também os orixás acirram disputas e patrocinam batalhas. O que Ubaldo fez foi lançar os orixás nessa arena. Comentando o envolvimento dos olímpicos na Guerra de Tróia, Giulia Sissa sintetizou: "A Guerra de Tróia lhes pertence". Ubaldo, por sua vez, coloca na boca de Oxóssi as seguintes palavras: "Não cabe a nós ausentar-nos dessa luta, antes nos metermos nela como se fosse nossa, pois que de fato é". Confesso que não me agrada muito esse nacionalismo barroco de "povo eleito", que lembra Glauber Rocha e, mais remotamente, Antonio Vieira convocando Deus para enfrentar os holandeses que invadiram a Bahia no século XVII... Mas esse não é o meu tema aqui. Fiquemos com Ubaldo. Sua referência de base é o texto homérico (do "efeito de retardamento" da narrativa àquele gesto olímpico de abraçar os joelhos, típica postura de súplica, Oxóssi abraçando os joelhos de Oxalá). Ubaldo substituiu os olímpicos pelos orixás e os epítetos homéricos por fórmulas que reproduzem os (ou vêm diretamente dos) orikis. "Ogum-ê, ferreiro sem par, senhor da ferramenta, cujo nome é a própria guerra", por exemplo. É Ubaldo e é um oriki. E no entanto Ubaldo não tinha consciência disso. Quando lhe falei da relação entre o epíteto homérico e o oriki iorubano, ele caiu das nuvens, entre surpreso e emocionado. O que vem reforçar, de resto, a sugestão de Olabiyi Yai, classificando o modo de existência do oriki na diáspora africana em termos de "poética substerrânea".

Enfim, podemos falar tranqüilamente da presença do oriki ancestral na intertextualidade brasileira contemporânea, passagem do século XX para o século XXI. É uma presença que se revela nítida ao olhar sensível e equipado. E uma presença inspiradora - que, no caso dos romances de Jorge e Ubaldo, suspende o encadeamento linear da narrativa, aproximando prosa e poesia. Mas é bom não esquecer que o fenômeno não se restringe à prosa literária brasileira. Vamos flagrar essa presença do oriki também em escritores americanos de língua espanhola, a exemplo do Alejo Carpentier de *Ecué-Yamba-O*. Deixo de parte, no caso, os arrependimentos do autor. *Ecué-Yamba-O*, escrito em 1927 no cárcere da velha Havana macumbeira, é um belo livro, em que pese a peroração do vanguardista arrependido formulada a seu respeito por Carpentier, ao se sentir culpado, posteriormente, pela sua incursão em terreno experimental, sob o influxo do futurismo-surrealismo europeu das primeiras décadas do século que está findando. Pois bem. Nessa novela inventiva e colorida, onde vemos a crioulada de Cuba fazer despacho e *bajar el santo*, depois que o dia tropical desmaia "esgotado por catorze horas de orgasmo luminoso", topamos com construções epitéticas, afloramentos da "poética subterrânea" do oriki, quando surgem orixás: "Y tú, Virgen de la Caridad del Cobre, suave Ochum, madre de nadie, esposa de Changó"... Mas é claro que o oriki, espécie poética, não pinta apenas no pedaço da prosa. Sua presença é igualmente visível na poesia. Entre os muitos exemplos disponíveis, cito aqui uma das peças que compõem o conjunto de poemas intitulado *En El Ambar Del Estio*, de Severo Sarduy. É um neo-oriki de Oiá-Iansã:

> Monte oscuro, noche oscura;
> centellas y dos espadas.

> Deje sus puertas cerradas
> la fúnebre arquitectura!
> Su paso, que se apresura,
> y el mármol barroco y serio,
> sellarán todo misterio.
> Guarda, tras nueve colores,
> guadañas, cirios y flores,
> la dueña del cementerio.

    A presença de orixás e de outros elementos da cultura nagô-iorubá, na poesia da música popular do Brasil e de Cuba, é certamente fato que dispensa comprovação. Todos sabem disso, ainda que só "de ouvido". Seria algo estranho, de resto, embora perfeitamente possível, que essa produção artística popular recebesse o influxo africano apenas no plano musical – e não, igualmente, no plano poético. Aqui se encontra, aliás, uma diferença ostensiva que separa a poesia da música popular norte-americana da poesia da música popular cubano-brasileira. A presença negra na música dos EUA está fundamentalmente no terreno musical. É verdade que ela alcança a dimensão verbal, mas de modo bastante limitado. Restringe-se ao linguajar "black", por assim dizer. A uma espécie de sincretismo idiomático não muito profundo, manifestando-se principalmente na erosão ou na deformação de signos lingüísticos ingleses. Quando muito, o que pode ocorrer é uma formação neológica, mas ainda dentro do sistema lingüístico anglo-saxão. Os casos do Brasil e de Cuba são diversos. Ultrapassam esse limiar mais superficial do sincretismo idiomático.

    Para ficar nas Antilhas, em águas caribenhas, compare-se a música popular cubana com o moderno *reggae* da Jamaica, por exemplo. O que temos no *reggae* é uma poesia que gira em torno da Bíblia – ainda que de um texto bíblico totalmente reconfigurado, a partir de uma leitura "escrava" da obra literária fundamental do discurso do senhor branco. Assim, em vez do nome ou da proeza de um orixá, topamos aí com Jah (Jeová) e com interpretações muito particulares de relatos bíblicos, a exemplo do Êxodo, pensado agora em termos de um retorno da população negromestiça da Jamaica à África – mais precisamente, à Etiópia. Ou seja: o poeta do *reggae* é, antes de tudo, um *rastaman*, um adepto do "rastafarismo", estranha espécie de "teologia da libertação" de caráter milenarista, que identifica as instituições do cristianismo com Satã. É essa leitura "rastafari" da Bíblia que, entre outras coisas, sanciona o uso masculino da maconha (vista como vegetal sagrado, planta ritual de Salomão), recusa a miscigenação (o mulato é filho de Eva, uma negra, com a serpente, um branco – logo, é a própria materialização da "impureza") e discrimina as mulheres, já que foi uma mulher quem sujou o paraíso, ao se entregar sexualmente a um branco. Em suma, o "rastafarismo" é um obscurantismo produzido por uma leitura que se move por inversões do discurso bíblico veiculado pelo senhor de escravos; pelo colonizador anglo-saxão. E é justamente nessa discursividade de extração bíblica que se funda a poesia do *reggae*. Aqui, como na poesia da música popular norte-americana, a Bíblia é "the Book", com "b" maiúsculo. Em Cuba, a conversa é outra. Basta lembrar *Mi Cocodrilo Verde*, de José Dolores Quiñones, onde ouvimos:

> Mi cocodrilo verde
> Carcajada mulata
> Canción de serenata
> Embrujo de maraca y bongó
>
> Mi cocodrilo verde
> En tu palmar se pierde
> La clásica leyenda
> De Yemayá y Changó...

Nesse particular, a poesia da música popular cubana se encontra muito próxima da nossa, brasileira. Mas vamos aos poucos. Não pretendo fazer aqui nenhuma leitura exaustiva do assunto, como o leitor já deve ter notado. Ao falar de "orikis ficcionais" na literatura brasileira, parágrafos atrás, poderia ter me expandido em direção ao terreno da poesia literária, partindo do Modernismo de 22, por exemplo, para chegar ao final do século, com Paulo Leminski compondo um neo-oriki de Ogum, ou

Arnaldo Xavier fazendo "orikai", mistura de oriki e haikai, como ele mesmo diz. Mas apenas aponto pistas, trilhas que podem ser percorridas com mais vagar em pesquisas ou análises futuras. Só. Do mesmo modo, não vou providenciar, no momento, um mapeamento detalhado da presença africana na estética da música popular que se faz entre nós. Limito-me a algumas observações, suficientes para esclarecer meu ponto de vista. De saída, lembrando que o sincretismo idiomático, na poesia da música brasileira, ocorre em profundidade. Não se trata apenas de um "distúrbio" vernacular. Nossos poetas lidam com neologismos, sintagmas traduzidos (pai-de-santo, por exemplo, não é um sintagma português, mas um sintagma iorubano traduzido: babalorixá), sintagmas híbridos (macumbeiro, por exemplo: a palavra banto "macumba" com terminação lusa), etc., para não falar no emprego direto de vocábulos africanos, incorporados ou não ao português do Brasil. Dito de outra forma, se nos colocarmos do ponto de vista do discurso ou do dialeto lusitano, há um razoável grau de bilingüismo na poesia da música popular brasileira. Além disso, orixás são personagens que fazem parte dessa poemúsica há tempos. Basta ouvir *Promessa de Pescador* (Caymmi), *Tatamirô* (Toquinho-Vinicius de Moraes), *Filhos de Gandhi* (Gilberto Gil), *Pensamento Iorubá* (Moraes-Risério), etc. A lista é imensa, como se sabe. Nessa música mestiça de um povo mestiço, nessa estética da mestiçaria, a presença negro-africana se deixa encontrar a cada passo, do plano temático à seleção vocabular, do destino da mensagem ao jogo das rimas, do artesanato paronomásico à simplificação sintática, enfim, da estruturação semântica ao estrato sônico.

E é exatamente por esses caminhos que vamos dar com a existência do neo-oriki na poemúsica popular. Uma composição como *Umbabaraúma* (Jorge Benjor), por exemplo, bem pode ser vista como um neo-oriki de indivíduo. Com mais propriedade ainda, podemos classificar como neo-oriki de pessoa ilustre a *Oração de Mãe Menininha*, de Dorival Caymmi, vinculada ao espaço cultual nagô-iorubá e exibindo um procedimento de nominação disposto em estrutura paralelística (Oxum mais bonita, estrela mais linda, mão da doçura, etc.). Neo-oriki de orixá? Também. Para me referir somente à obra de Gilberto Gil, dois neo-orikis de orixá me ocorrem de imediato: *Axé Babá* (para Oxalá) e *Logunedé*, o filho de Oxóssi e Oxum Ipondá. Da dupla Gilberto Gil-Caetano Veloso, temos um exemplo acabado de neo-oriki de orixá – *Iansã* – e o neo-oriki das aiabás, apresentado pelos Doces Bárbaros. De Caetano apenas, o neo-oriki mais arrojado que conheço, ideograma concentrado de seu odu, o orixá Ibualama, uma peça cristalina, oriki de nitidez concretista, tentando apreender o nexo entre o deus e a água: *Gua* – justaposição direta de substantivos (áGUA, GUAmá, *i*-GUApe, *i*-BUAlama), onde o fonema "i", destacado por sua altura no espaço musical, remete à emissão sonora reiterada pelo filho de Oxóssi possuído por seu eledá. Mas vamos recordar aqui, por sua natureza exemplar, o neo-oriki *Iansã*:

> Senhora das nuvens de chumbo
> Senhora do mundo
> Dentro de mim
> Rainha dos raios
> Rainha dos raios
> Rainha dos raios
> Tempo bom – tempo ruim
>
> Senhora das chuvas de junho
> Senhora de tudo
> Dentro de mim
>
> Rainha dos raios
> Rainha dos raios
> Rainha dos raios
> Tempo bom – tempo ruim
>
> Eu sou o céu
> Para as tuas tempestades
> O céu partido ao meio
> No meio da tarde
> Eu sou o céu
> Para as tuas tempestades
> Deusa pagã dos relâmpagos
> Das chuvas de todo o ano
> Dentro de mim

ORIKI AGORA

> Rainha dos raios
> Rainha dos raios
> Rainha dos raios
> Tempo bom - tempo ruim

Enfim, penso que aqui chegamos com uma visão mais abrangente da situação do oriki no contexto que estamos vivendo. Acredito que não temos razão alguma para não lamentar a desfiguração do velho ambiente sociocultural do oriki, ou as mutilações que esta espécie discursiva africana, nagô-iorubá, vem sofrendo. Essas coisas podem nos ferir de modos diversos - e com intensidade variável. Ao mesmo tempo, também não acho que devamos estacionar aí, paralisados na lamentação de um mundo e de um tempo que se foram. Não temos razão alguma para não celebrar a sobrevivência dessa poética, hoje redimensionada em função das novas realidades socioculturais e de suas tecnologias de comunicação. O fato é que - seja pelo registro documental na fonte, seja pelo caminho da recriação consciente, seja pelo curso da existência subterrânea; e até mesmo por uma projeção/persistência subliminar no espaço da intertextualidade contemporânea - a poética do oriki está aqui entre nós, na aldeia global da modernidade-mundo. Aqui e agora. Para a festa planetária desses signos migratórios que vêm articulando, num arco de milênios, a viagem chamada poesia.

ALGUMA
BIBLIOGRAFIA

ATMORE, Anthony e STACEY, Gillian. *Black Kingdoms, Black Peoples – The West African Heritage*. Londres, Orbis Publishing, 1979.
AKINJOGBIN, I. A. *Dahomey and Its Neighbours 1708-1818*. Cambridge University Press, 1967.
AMADO, Jorge. *O Sumiço da Santa – Uma História de Feitiçaria*. Rio de Janeiro, Editora Record, 1988.
ABRAHAM, R. C. *Dictionary of Modern Yoruba*. Londres, Hodder and Stoughton, 1981.
ABIMBOLA, Wande (ed) *Yoruba Oral Tradition – Poetry in Music, Dance and Drama*. Ibadã, Ibadan University Press, 1975; *Ifá – An Exposition of Ifá Literary Corpus*. Ibadã, Oxford University Press, 1976.
AWÉ, Bólánlé. *Praise Poems as Historical Data: The Example of the Yoruba Oriki*. Africa 44.
BOAS, Franz. *Primitive Art*. Nova York, Dover Publications, 1955.
BARBER, Karin. *Yoruba Oriki and Deconstructive Criticism*. Edimburgo, Research in African Literatures, 15; *I Could Speak Until Tomorrow – Oriki, Women and the Past in a Yoruba Town*. Edimburgo, Edinburgh University Press, 1991.
BAUDIN, Nöel. *Grammaire Yoruba*. Porto Novo, Centre Catechetique, 1968.
BASTIDE, Roger. *Estudos Afro-Brasileiros*. São Paulo, Editora Perspectiva, 1983.
BARNES, Sandra T. (ed) *Africa's Ogum – Old World and New*. Bloomington e Indianapolis, Indiana University Press, 1989.
BEIER, Ulli. *Yoruba Poetry – An Anthology of Traditional Poems*. Cambridge University Press, 1970.
BASCOM, W. R. *Ifa Divination: Communication Between Gods and Men in West Africa*. Bloomington, Indiana University Press, 1969; *The Yoruba of Southwestern Nigeria*. Prospect Heights, Waveland Press, 1984.
CARYBÉ e VERGER, FATUMBI, Pierre. *Lendas Africanas dos Orixás*. Salvador-Bahia, Corrupio, 1975.

COURLANDER, Harold. *Tales of Yoruba Gods and Heroes*. Nova York, Crown Publishers, 1973.
CAMPOS, Haroldo de. *Da Tradução Como Criação e Como Crítica*, em *Metalinguagem & Outras Metas*. São Paulo, Editora Perspectiva, 1992. (ed) *Ideograma - Lógica Poesia Linguagem*. São Paulo, Cultrix, 1977.
CABRERA, Lydia. *El Monte*. Havana, Ediciones CR, 1954. *Yemayá y Ochún - Kariocha, Iyalorichas y Olorichas*. Nova York, Chicherukú en el Exilio, 1980.
DAVIDSON, Basil. *Os Africanos*. Luanda-Lisboa, Inald-Edições 70, 1981.
DELANGE, Jacqueline e LEIRIS, Michel. *África Negra - La Creación Plástica*. Madri, Aguilar, 1967.
ELLIS, A. B. *The Yoruba-Speaking Peoples of the Slave Coast of West Africa*. Chicago, Benin Press, 1964.
FREYRE, Gilberto. *Casa-Grande & Senzala*. Brasília, Editora UnB, 1963.
FAGE, J. D. e OLIVER, Roland. *Breve Historia de Africa*. Madri, Alianza Editorial, 1972.
FROBENIUS, Leo. *Histoire de la Civilisation Africaine*. Paris, Gallimard, 1952.
FRAGINALS, Manuel Moreno. (ed) *Africa en América Latina*. Paris-México, Unesco-Siglo Veintiuno Editores, 1977.
FARRIS THOMPSON, Robert. *African Art in Motion*. University of California Press, 1979.
FINNEGAN, Ruth. *Oral Literature in Africa*. Nairobi, Oxford University Press, 1990. *Oral Poetry - Its Nature, Significance and Social Context*. Bloomington e Indianapolis, Indiana University Press, 1992.
GENOVESE, Eugene D. *Roll, Jordan, Roll - The World the Slaves Made*. Nova York, Vintage Books, 1974.
GOODY, Jack. *A Lógica da Escrita e a Organização da Sociedade*. Lisboa, Edições 70, 1987.
GLEASON, Judith. *Oya - In Praise of an African Goddess*. Nova York, HarperCollins, 1992.
HALLGREN, Roland. *The Good Things in Life - A Study of the Traditional Religious Culture of the Yoruba People*. Lund, Plus Ultra, 1991.
IDOWU, E. Bolaji. *Olódùmarè - God in Yoruba Belief*. Londres, Longmans, 1962.
JACKSON, John G. *Introduction to African Civilizations*. Nova Jersey, Citadel Press, 1980.
JOHNSON, Samuel. *The History of the Yorubas*. Londres, Routledge & Kegan Paul, 1966.
Ki-Zerbo, J. (ed) *História Geral da África - I. Metodologia e Pré-História da África*. São Paulo-Paris, Ática-Unesco, 1982.
MARCONDES DE MOURA, Carlos Eugênio. (ed) *Meu Sinal Está em Teu Corpo*. São Paulo, Edicon-Edusp, 1989.
MIRANDA ROCHA, Agenor. *Os Candomblés Antigos do Rio de Janeiro*. Rio de Janeiro, Topbooks, 1994.
MOUNIN, Georges. *Os Problemas Teóricos da Tradução*. São Paulo, Editora Cultrix, 1975.
MBITI, John S. *African Religions and Philosophy*. Garden City - Nova York, Anchor Books - Doubleday, 1970.
OTTEN, Charlotte M. (ed) *Anthropology & Art - Readings in Cross-Cultural Aesthetics*.

ALGUMA BIBLIOGRAFIA

Austin, University of Texas Press, 1990.
OLATUNJI, O. Olatunde. *Features of Yorùbá Oral Poetry.* Ibadã, University Press, 1984.
OLASOPE, Oyelaran. *On Rhythm in Yoruba Poetry* - em Abimbola, Wande, *op. cit.*, 1975.
POUND, Ezra. *The Translations of Ezra Pound.* Londres, Faber & Faber, 1970.
PELTON, Robert D. *The Trickster in West Africa - A Study of Mythic Irony and Sacred Delight.* University of California Press, 1989.
RISÉRIO, Antonio. *Textos e Tribos - Poéticas Extraocidentais nos Trópicos Brasileiros.* Rio de Janeiro, Imago Editora, 1993.
ROTHENBERG, Diane e Jerome. *Symposium of the Whole - A Range of Discourse Toward an Ethnopoetics.* University of California Press, 1983.
RAWICK, George P. *From Sundown to Sunup - The Making of the Black Community.* Westport-Connecticut, Greenwood Publishing Company, 1972.
ROTHENBERG, Jerome. *Technicians of the Sacred.* University of California Press, 1985.
RODRIGUES, Nina. *Os Africanos no Brasil.* Brasilia, Editora UnB, 1988.
RICOEUR, Paul. *Interpretation Theory - Dicourse and the Surplus of Meaning.* Texas Christian University Press, 1976.
SANTOS, Juana Elbein dos. *Os Nagô e a Morte.* Petrópolis, Editora Vozes, 1976.
SAHLINS, Marshall. *Ilhas de História.* Rio de Janeiro, Jorge Zahar Editor, 1990.
SMITH, Robert. *Kingdoms of the Yoruba.* University of Wisconsin Press, 1988.
SÁLÀMÍ, Sikírù. *A Mitologia dos Orixás Africanos.* São Paulo, Editora Oduduwa, 1990.
Cânticos dos Orixás na África. São Paulo, Editora Oduduwa, 1991.
TURNBULL, Colin M. *Man in Africa.* Penguin Books, 1978.
UBALDO RIBEIRO, João. *Viva o Povo Brasileiro.* Rio de Janeiro, Nova Fronteira, 1984.
VERGER, Pierre. *Notes sur le Culte des Orisha et Vodoum à Bahia, la Baie de Tous les Saints au Brésil et à l'Ancienne Côte des Esclaves.* Dakar, IFAN, 1957; *Orixás - Deuses Iorubás na África e no Novo Mundo.* Salvador-São Paulo, Editora Corrupio-Circulo do Livro, 1981.
WARD, Ida C. *An Introduction to Yoruba Language.* Cambridge, Heffer & Sons, 1956.
YAI, Olabiyi. *Écarts et Intertextualité dans la Poésie Orale Yoruba.* Datiloscrito, março 1972; *Issues in Oral Poetry: Criticism, Teaching and Translation* - em Barber, Karin e Farias, P. F. de Moraes, *Discourse and its Disguises - The Interpretation of African Oral Texts.* Birmigham, Centre of West African Studies, 1989.
ZAHAN, Dominique. *The Religion, Spirituality and Thought of Traditional Africa.* Chicago, University of Chicago Press, 1979.
ZUMTHOR, Paul. *Le Discours de la Poésie Orale,* Paris, Seuil, Poétique 52, 1982.

OBRAS DO AUTOR

Carnaval Ijexá - Notas Sobre Afoxés e Blocos do Novo Carnaval Afrobaiano. Salvador-Bahia, Editora Corrupio, 1981. (Segunda edição, no prelo, pela Fundação Casa de Jorge Amado e Editora da Universidade Federal da Bahia.)

Gilberto Gil Expresso 2222. Organização e ensaio-posfácio ("Gil Brasil BraGil - Uma Apreciação Didática"). Salvador-Bahia, Editora Corrupio, 1983.

O Poético e o Político (parceria com Gilberto Gil). São Paulo, Editora Paz e Terra, 1988.

Cores Vivas. Salvador-Bahia, Fundação Casa de Jorge Amado, 1989.

Vicente Huidobro - Altazor e Outros Poemas (parceria com Paulo César Souza). São Paulo, Art Editora, 1992.

Caymmi - Uma Utopia de Lugar. São Paulo, Editora Perspectiva, 1993.

Textos e Tribos: Poéticas Extraocidentais nos Trópicos Brasileiros. Rio de Janeiro, Imago Editora, 1993.

Avant-Garde na Bahia. São Paulo, Instituto Lina Bo e P. M. Bardi, 1995.

Fetiche - poesia. Salvador, Fundação Casa de Jorge Amado (no prelo).

COLEÇÃO SIGNOS
Últimos Lançamentos

51. *Poeta Poente*
Affonso Ávila

52. *Lisístrata e Tesmoforiantes*
Trajano Vieira

53. *Heine, Hein? Poeta dos Contrários*
André Vallias

54. *Profilogramas*
Augusto de Campos

55. *Os Persas de Ésquilo*
Trajano Vieira

56. *Outro*
Augusto de Campos

57. *Lírica Grega, Hoje*
Trajano Vieira

58. *Graal*
Haroldo de Campos

Este livro foi impresso em Cotia,
nas oficinas da Meta Brasil,
para a Editora Perspectiva.